Du bonheur plein les mains

à ma belle
Nicole
Beaucoup d'amour
à une femme
de passion

feuy laïcre xxx

Du bonheur plein les mains

*Les joyeuses aventures d'une
chirologue professionnelle*

Guylaine Vallée et Steve Erwin

Traduit de l'anglais par Frédérique Herel

Publications & Enregistrements Galaxie

Publications & Enregistrements Galaxie
351, av. Victoria (Québec) Canada H3N 2Z1
Tél. : 514-488 2292 - Téléc. : 514-488 3822 - www.centrebirla.com
Publications & Enregistrements Galaxie est une division du
Réseau védique Birla

Conception graphique - page couverture : Philippe Couturier-Michaud
Mise en page : Pauline Edward
Photo de la page couverture : Jasmin Mori
Photos intérieures gracieuseté de l'auteure

Catalogage avant publication de Bibliothèque et Archives nationales du Québec et Bibliothèque et Archives Canada

Vallée, Guylaine, 1959-

    [Happy palmist. Français]

    Du bonheur plein les mains : les joyeuses aventures d'une chirologue professionnelle

    Traduction de : The happy palmist.

    ISBN 978-0-9878999-2-7

    1. Vallée, Guylaine, 1959- . 2. Chirologie. 3. Chiromanciens - Québec (Province) - Biographies. I. Titre. II. Titre : Happy palmist. Français.

BF940.V34A3 2015   133.6092   C2015-942082-2

À mes enseignants bien-aimés,
Ghanshyam et Kathy, qui ont rendu
cette aventure possible

Table des matières

Préface

Chaque vie prend racine dans une terre qui lui est propre. Le milieu familial, les études, les rêves de l'enfance, les premiers choix de l'adolescence, tout concourt à ensemencer ce jardin dans lequel l'adulte cherchera à s'accomplir. Et à un certain moment, si l'on tend l'oreille à ce que la vie nous murmure, que ce passé ait été propice ou non, un chemin se dessinera, une éclaircie surgira, et on sera alors face à notre destinée. Combien de fois a-t-on entendu quelqu'un nous raconter qu'à la suite de circonstances multiples et imprévisibles, sa vie a pris une toute nouvelle direction, et que le choix qui s'est alors imposé était « le bon » ?

C'est ce qui est arrivé à Guylaine Vallée. Issue d'un milieu modeste, elle a d'abord cherché à réaliser ses souhaits : devenir comédienne, travailler à la télévision, voyager, écrire. Mais en fait, ce qu'elle voulait vraiment devenir « lorsqu'elle serait grande », elle le sait depuis toujours, et l'avait dit en classe, devant tous les élèves : « Je veux être une bonne personne… »!

La vie, on le sait, trouve toujours une manière de nous mettre face à notre destinée. Un jour, Guylaine rencontre une amie qui lui parle d'un chirologue. Depuis des années, elle cherche ce qui la rendra heureuse, ce qui lui permettra de sentir qu'elle accomplit ce pour quoi elle est sur Terre. Mais elle ne fait qu'aller de déceptions en désillusions… Ce dont lui parle son amie résonne donc si fortement en elle qu'elle décide de consulter Ghanshyam Singh Birla. Dès leur première rencontre, déterminante, le 4 mai 1984, elle sait que sa vie vient de prendre un tournant majeur, et que ce qu'elle cherche depuis si longtemps lui est enfin révélé. Sa *mission de vie* consistera à aider les êtres à devenir meilleurs et à réaliser pleinement leur potentiel. Guylaine prend conscience que la chirologie, cette méthode de compréhension du comportement humain, est profondément spirituelle, ce qui correspond à sa quête intérieure. La petite fille qui voulait « devenir une bonne personne » trouve enfin un écho à son souhait...

Mais toute lumineuse qu'elle soit, cette nouvelle direction donnée à sa vie n'en sera pas moins exigeante pour Guylaine qui devra acquérir les connaissances et les expériences nécessaires pour devenir elle-même chirologue. Cependant elle sera avant tout tenue de plonger en elle-même pour atteindre le dépouillement intérieur qui lui permettra d'accomplir ce rêve.

Elle sera alors magnifiquement guidée par Ghanshyam qui l'invitera à pratiquer la méditation et le Kriya Yoga, en plus de l'inciter à suivre des enseignements essentiels à sa démarche et à faire des lectures – notamment de l'exceptionnelle *Autobiographie d'un Yogi* de Paramahansa Yogananda. À travers les événements quotidiens, il lui permettra en outre de prendre conscience de la manière dont chaque être et chaque situation rencontrés sont nos maîtres. Guylaine sera également accompagnée dans son apprentissage par ses nouveaux collègues et amis – qui deviendront pour elle des professeurs à différents titres et en même temps une véritable famille.

Rapidement, elle découvrira que les empreintes de ses mains sont de précieux instruments de transformation et qu'elles ne sont pas figées, comme on le croit habituellement. Au contraire, ces lignes changent avec nous, elles sont en mouvement dans ce présent qui contient tous les possibles !

On peut croire en effet – et je suis la première à l'avoir fait – qu'un chirologue nous dira en quoi notre futur est fixé, si on aura ou non des enfants, une bonne santé ou quelques défaillances, une vie amoureuse stable ou tumultueuse.

Au moment où j'ai moi-même consulté Guylaine pour la première fois, je ne savais trop à quoi m'attendre. J'avais presque peur de ce que j'allais découvrir, croyant mon destin figé dans les empreintes de mes mains... Le fatalisme ne faisant pas partie de ma vision du monde et de l'être humain, j'appréhendais ce que Guylaine allait me dire !

En tant qu'écrivaine, mon principal matériau, outre le langage, c'est l'être humain, et je cherche sans cesse à accroître ma connaissance et ma compréhension de moi-même, de la vie dans toute sa beauté et sa complexité, et de ce qui nous relie aux autres et au monde dans lequel nous vivons. Toute ma démarche s'appuie sur la capacité que nous avons de nous transformer car nous avons le pouvoir de changer notre vie, peu importe ce qui nous a été donné à la naissance. Mes livres interrogent l'existence et traitent aussi des difficultés et des événements éprouvants qui peuvent devenir de merveilleuses opportunités de *recommencements*, une invitation à inventer pour nous-mêmes un chemin qui nous permettra de continuer de grandir et de nous épanouir.

Ce n'est donc pas pour résoudre un problème particulier, pour trouver des réponses ou encore pour donner à ma vie une nouvelle direction que j'ai rencontré Guylaine une première fois. Mon cheminement personnel m'avait amenée à expérimenter plusieurs méthodes et instruments de connaissance de soi. Comme de nombreux artistes et personnalités publiques qui ont consulté Guylaine au cours des années, mon intérêt pour la chirologie répondait à un désir de voir différemment ce que je croyais savoir de moi-même. Je voulais déplacer mon regard, trouver un instrument qui puisse accompagner mon évolution intérieure et me permettre d'approfondir ma démarche spirituelle.

Ma première consultation ne m'a pas déçue ! J'en suis ressortie non seulement avec un nouveau signe astrologique qui modifiait et éclairait mon regard sur moi-même mais surtout, Guylaine ne m'avait rien *prédit*, elle n'avait abordé aucun élément avec fatalisme, tout demeurait en mouvement et, loin de me révéler le futur, elle me disait plutôt quel chemin *je* pouvais prendre pour que ma vie accomplisse tout son potentiel ! Aucune prédiction donc, mais plutôt une manière d'*apprendre à choisir, à voir et à lire* à travers ces miroirs que sont les paumes de nos mains pour apprivoiser les changements qui s'avèrent nécessaires à notre épanouissement et à la pleine réalisation de notre destinée.

Loin de prophétiser ou de dessiner notre futur en étant fixées pour toujours, les lignes de nos mains contiennent notre passé, un passé qui aide à mieux comprendre et modifier le présent. Plus encore, elles se transforment avec nous, et nous les transformons aussi à mesure que nous évoluons. La chirologie nous apprend la richesse et la puissance de ce dialogue continue avec les empreintes de nos mains, et aussi avec sa jumelle, l'astrologie védique.

Pour collaborer à la transformation des êtres et les accompagner sur ce chemin lumineux et exigeant de l'accomplissement de soi, il faut marcher soi-même sur le chemin de la dévotion, de l'amour inconditionnel, être capable de compassion et du don de soi, et bien sûr être animé par une foi inébranlable dans la capacité qu'a chaque être humain de se transformer lui-même et de créer une vie de bonheurs. Pour aider les autres et contribuer à leur épanouissement, il faut aussi savoir soi-même rester constamment en mouvement, continuer de s'interroger et d'approfondir la connaissance de soi et la compréhension de l'être humain. Aucune de ces qualités ne manque à Guylaine !

Le livre que vous avez entre les mains raconte de manière authentique un parcours spirituel riche et inspirant, et nous fait connaître en même temps les fondements de la chirologie. Nous rencontrons aussi ce guide magnifique qu'est Ghanshyam Singh Birla. En refermant ce récit, nous ne pouvons plus douter que notre épanouissement, la réalisation de nos rêves et l'accomplissement de notre vie dépendent de nous-mêmes, et qu'une partie essentielle de notre bonheur repose au creux nos mains…!

Hélène Dorion, écrivaine
Auteure de *Recommencements*
Officière de l'Ordre du Canada et
Chevalière de l'Ordre national du Québec

Introduction

Des lignes de conduite

Le soleil de plomb de Calcutta nous écrasait tandis que j'essayais de mon mieux de suivre le pas rapide de Mère Teresa. La vieille religieuse avait deux fois mon âge, mais trois fois plus d'énergie que moi, et elle était pressée. Les prières de l'après-midi allaient commencer et elle distribuait des médailles de la Vierge à des dizaines de personnes venues la voir des quatre coins du monde. Tous ces gens faisaient la queue, attendant impatiemment de recevoir sa bénédiction.

« Ne restez pas trop loin de moi », m'a-t-elle conseillé à mesure que nous placions les médailles dans les mains tendues, le long de la file. Beaucoup pleuraient de joie et je comprenais leur exaltation. Depuis mon enfance, j'avais admiré l'altruisme de Mère Teresa et son dévouement pour les autres, et j'étais venue la voir chez les Missionnaires de la Charité en 1996 dans un but précis : je voulais des empreintes de ses mains.

« Personne ne m'a jamais demandé ça auparavant, a-t-elle dit en secouant la tête. Je suis désolée, je n'ai pas le temps. »

« Je comprends, ma Mère, je demande seulement parce que je pense que les images de vos mains aideraient d'autres personnes... mes étudiants pourraient beaucoup apprendre... ».

Je ne suis pas sûre qu'elle m'ait entendue, mais elle s'est arrêtée et m'a dévisagée de son regard sombre et pénétrant, puis elle a tendu les mains, paumes vers le haut.

« Qu'est-ce que vous voulez donc voir dans ces vieilles mains ? »

Je voulais tout voir, et c'est ce que j'ai fait. Les lignes et signes qui sillonnaient ses belles et solides paumes révélaient toute une

1

vie au service des autres, une profonde compassion pour l'humanité et la décision, à un âge précoce, de renoncer à l'ego et de suivre un chemin spirituel d'amour et d'humilité vers Dieu. C'était exactement ce à quoi je m'attendais.

Nos mains reflètent qui nous sommes, et voir celles de Mère Teresa confirmait de façon spectaculaire ce que je savais depuis de nombreuses années : nos mains ne mentent jamais. Elles sont les fenêtres de notre âme, un bilan de ce que nous sommes. Nos actes et nos désirs, nos espoirs et nos craintes, nos défauts et nos possibilités, du passé et du présent, sont tous gravés dans les lignes de nos mains.

Mais nos lignes ne sont pas notre destinée. Ce qui fait la beauté des lignes de nos mains, c'est que nous pouvons les changer si nous le voulons. À mesure que nous modifions nos pensées, notre attitude et nos actes, nos lignes traduisent ces changements. C'est pourquoi la chirologie – une puissante méthode de connaissance de soi qui remonte aux débuts de la civilisation – est un outil aussi extraordinaire pour la croissance et la transformation personnelles.

Si nous le leur permettons, nos mains peuvent nous aider à forger notre avenir et nous guider vers une vie pleine de bonheur, de santé, de joie et de raison d'être ! Ce n'est pas une prédiction, c'est un fait, et je sais de quoi je parle.

Je pratique le Hast Jyotish, la science ancestrale de la chirologie védique, depuis 30 ans (je ne peux pas croire que ça fasse si longtemps !) et j'ai étudié les empreintes de milliers de personnes de tous les horizons, qu'il s'agisse d'enfants prodiges, d'assassins, d'agriculteurs, de savants, de célébrités… et même d'une sainte encore vivante.

Mais les mains dont j'ai le plus appris sont les miennes.

Quand j'étais dans la vingtaine, j'aurais dû être au septième ciel. J'avais une famille affectueuse, une bonne éducation, j'étais jeune et jolie et je vivais à Paris, la ville la plus romantique du monde. J'avais un emploi prestigieux à la télévision et un compte de dépenses qui me permettait de faire des emplettes dans les meilleures boutiques de la ville.

Et pourtant… j'étais malheureuse, depuis des années, sans savoir pourquoi. Ma vie manquait de sens et de raison d'être, peu importe ce que je faisais ou l'endroit où j'étais. Je semblais être vouée à la tristesse.

Et puis, une seule consultation avec un remarquable chirologue védique a changé mon opinion de moi-même et ma façon de voir le monde. J'ai pu découvrir toutes mes peurs, mes angoisses et une douzaine d'autres « obstructions spirituelles » dans les lignes de mes mains, c'est-à-dire tout ce qui m'avait empêchée d'être heureuse. Une fois que j'ai su ce qu'elles étaient, j'ai pu faire le nécessaire pour les supprimer.

Ce jour-là, je me suis embarquée dans un voyage de découverte de moi, un voyage qui, des tréfonds du désespoir, m'a amenée dans un lieu où règnent la paix et le vrai bonheur.

Je n'ai peut-être pas les lignes d'une sainte comme Mère Teresa, mais l'étude de la chirologie m'a exposée aux paroles et à la sagesse de centaines de saints et de sages que je porte dans mon cœur chaque fois que je commence une consultation ou que je donne un cours.

La chirologie a rempli ma vie de joie et d'amour, et mon souhait le plus cher est qu'elle puisse faire la même chose pour vous. À tout le moins, j'espère que mon histoire vous incitera à regarder vos mains un peu différemment.

1

Mon arbre généalogique

*M*ON PREMIER SOUVENIR EST un moment de bonheur parfait.

J'avais deux ans et j'étais assise à la table de la minuscule cuisine de la maisonnette que mon père avait construite pour moi dans notre cour à Lancaster, en Ontario. Je ne me souviens pas de ce que je faisais, mais je me rappelle le sentiment : une satisfaction complète, un instant de béatitude. La maisonnette était un cadeau de mon père qui aimait deux choses : sa famille et le travail manuel. Quand il combinait ses deux passions, c'était magique. Et ma maisonnette était vraiment magique. Papa avait conçu chaque détail pour que je m'y sente entièrement à l'aise, que ce soit les armoires miniatures, la table et les chaises minuscules et le petit berceau où dormait ma poupée. Il avait créé juste pour moi un monde spécial pour que je sache que j'étais exactement là où je devais être, et c'était le bonheur parfait.

Longtemps plus tard, j'ai tenté de retrouver ce sentiment d'appartenance et de paix et, le long de mon parcours, j'ai emprunté des chemins sombres, rencontré de merveilleux amis, pour finalement découvrir ma véritable passion et mon but dans la vie, c'est-à-dire la chirologie, en plus des grandes vérités et de la sagesse transformatrice que cette élégante science ancestrale peut nous offrir à tous.

Je suis née à Lancaster le deuxième jour du printemps 1959, mais j'y ai très peu vécu. Mes parents, Lionel et Laurette Vallée, qui avaient grandi au Québec, avaient temporairement déménagé en Ontario parce que Papa avait besoin d'un travail pour nourrir ses enfants (quatre garçons et deux filles). J'étais la plus jeune et la plus choyée. Ni ma mère ni mon père ne parlaient anglais. J'avais trois ans quand l'emploi de Papa s'est terminé, mettant fin à notre vie à Lancaster. Mes parents ont entassé dans la Buick familiale tous leurs enfants et toutes nos possessions – sauf ma petite maison parce qu'elle était trop grande – et nous sommes partis pour le Québec.

Mes parents n'avaient pas beaucoup d'argent pour nous élever; ils travaillaient dur pour subvenir à nos besoins et faisaient beaucoup de sacrifices. Ils ont vécu loin l'un de l'autre pendant de longues périodes, chaque fois que Papa, menuisier de formation, était contraint de travailler hors de la ville. C'était difficile pour eux parce qu'ils s'adoraient, mais ils nous témoignaient énormément d'affection et s'assuraient que nous ayons toujours ce qui était le plus important. Maman disait : « Nous sommes peut-être pauvres, mais nous sommes riches en amour. » Quelles que soient les difficultés, Maman et Papa ne se plaignaient jamais, ils nous procuraient un sentiment de sécurité et ils faisaient toujours passer la famille en premier. Ce sont là des valeurs qu'ils tenaient de leurs propres parents.

Papa, le quatrième de onze enfants, est né au printemps 1920, dans la petite paroisse rurale de Saint-Gédéon-de-Beauce, à environ 140 kilomètres au sud de la ville de Québec. Mon grand-père paternel, Nazaire Vallée, possédait une ferme, mais taillait également des pierres tombales de granit pour joindre les deux bouts. Il n'aurait jamais pu prévoir qu'un jour il graverait le nom de sa femme sur l'une de ces pierres. La maman de Papa, Albertine, est décédée subitement d'une inflammation de la thyroïde à l'âge de 46 ans, quand mon père était encore enfant. Ce fut un choc terrible pour la famille. Ses sœurs ont fait de leur mieux pour remplacer leur mère, en assumant les tâches quotidiennes et la gestion du ménage, mais l'argent manquait et Papa a décidé de faire sa part pour soutenir la famille. Il venait juste d'apprendre à lire et à écrire, mais il a quitté l'école et a accepté tous les emplois qu'il pouvait trouver. Il est ainsi devenu un agriculteur, menuisier et bûcheron accompli. Il allait à pied ou en auto-stop jusqu'aux camps de bûcherons du coin et maniait la hache du lever au coucher du soleil pour pouvoir remettre quelques sous de plus à son père. C'est comme ça qu'il s'est attiré une réputation d'homme dévoué à sa famille, honorable et travailleur.

Quand j'étais petite, j'imaginais ce qu'il était à mon âge. Parfois, je lui disais combien j'admirais ce qu'il avait fait pour sa famille, mais il haussait les épaules et disait : « J'étais content d'avoir pu aider quand on avait besoin de moi. »

Malgré des débuts difficiles et solitaires, tout a changé le jour où le regard de Papa s'est posé sur les beaux yeux bleus de Laurette Couture. Bien que Maman ait grandi dans le village voisin de Saint-Martin-de-Beauce, ce n'est qu'à l'âge adulte qu'ils se sont rencontrés.

La famille de Maman était encore plus grande que celle de Papa. Née en 1924, Laurette était la plus jeune de 14 enfants. Selon la légende familiale, Grand-papa Xavier Couture et ses treize enfants étaient en train de cueillir des fraises quand Grand-maman Alphonsine a ressenti les premières douleurs de l'accouchement. Le temps que Grand-papa rentre avec les fraises, sa nouvelle fille l'attendait déjà dans son berceau. Alphonsine n'arrêtait pas une minute, veillant sur plus d'une douzaine d'enfants, préparant assez de repas chauds chaque jour pour nourrir une petite armée, cultivant ses propres légumes et faisant elle-même son beurre et ses confitures. C'était une adroite couturière qui habillait toute la famille de ses propres créations.

Grand-papa et Grand-maman avaient tous deux le cœur généreux. Quand un voisin mourait, Grand-papa construisait gratuitement pour la famille en deuil un cercueil qu'Alphonsine doublait de soie. Un jour, Grand-papa a fait le cercueil d'un jeune garçon, et ma mère, qui avait juste trois ans, s'est infiltrée à l'intérieur pour jouer avec sa poupée. Dieu merci, Grand-maman l'a trouvée avant la livraison du cercueil !

Comme moi, Maman était la petite dernière… et comme moi, elle était gauchère. Le premier jour d'école, elle est revenue à la maison les doigts couverts de bleus, expliquant à sa mère inquiète que la maîtresse d'école l'avait frappée avec une règle parce qu'elle s'était servie de sa main gauche pour écrire. Lorsque Grand-papa a appris ça, il s'est précipité à l'école pour confronter l'enseignante. Celle-ci a répliqué que l'école avait pour principe de discipliner les enfants gauchers et de les forcer à toujours utiliser leur main droite.

« Je m'en sacre, a dit Grand-papa en lui arrachant sa règle et en la brisant en deux. Si jamais vous faites mal à ma fille, ou à n'importe quel autre enfant, je m'arrangerai pour que vous n'enseigniez plus jamais. »

Comme Grand-papa siégeait à la commission scolaire, l'enseignante alarmée savait qu'il pouvait mettre sa menace à exécution et elle n'a plus jamais frappé ma mère. Mais le mal était fait et la petite gauchère Laurette était persuadée qu'il valait mieux être droitière. Elle se servait de sa main droite pour écrire à l'école mais, à la maison, elle était maladroite chaque fois qu'elle utilisait une paire de ciseaux ou faisait un dessin, ce qu'elle aimait énormément.

« N'écoute pas la maîtresse, lui disait Grand-maman pour la rassurer. Sois toi-même et n'essaie pas d'être quelqu'un d'autre. Amuse-toi, ma belle fille. Tu as du talent ! Utilise ta main gauche. »

Depuis ce jour, Maman a toujours utilisé sa main gauche pour dessiner et il était évident que sa créativité s'exprimait par cette main. Plus tard dans la vie, elle a commencé à peindre et elle est devenue une artiste douée et prolifique. Aujourd'hui, beaucoup de belles acryliques et aquarelles de Maman décorent fièrement les murs de ma maison et j'y tiens énormément.

Malgré l'expérience désagréable avec sa première enseignante, Maman aimait l'école. Elle était extrêmement sociable et tellement bonne élève qu'à l'âge de 14 ans, le directeur de l'école lui a offert la chance d'aller en ville pour être formée à l'enseignement. Cependant, mes grands-parents n'étaient pas prêts à laisser partir leur petite dernière bien-aimée qui leur manquerait trop, et ils se sont opposés à son départ.

Ma mère se plaignait rarement, mais elle m'a confié qu'elle aurait vraiment aimé enseigner. Je sais qu'elle aurait été exceptionnelle dans cette profession, et je suis certaine que j'ai hérité d'elle mon amour de l'enseignement.

Lorsque Maman a quitté l'école en 1939 à l'âge de 15 ans, Grand-papa Xavier, qui gérait un camp de bûcherons, l'a engagée, elle et sa sœur Rose-Aimée, pour faire la cuisine du camp durant l'hiver glacial. Pendant quatre mois, elles ont pris soin de 50 rudes bûcherons, se levant deux heures avant l'aube tous les matins pour mettre le bois dans les fours et préparer des piles vertigineuses de crêpes et d'énormes marmites de gruau et de fèves au lard. Dans la soirée, c'étaient des cuves de soupe et de ragoût, de viande et de pommes de terre et deux douzaines de tartes sortant du four pour le dessert. Puis elles nettoyaient la cuisine pour le lendemain, avant de s'effondrer dans leurs lits.

Longtemps avant que mes parents se rencontrent, Maman avait entendu parler du jeune Vallée qui avait perdu sa mère dans son enfance et travaillait dur pour aider sa famille. Elle était émue par autant de détermination et de dévouement. Quand un ami commun les a finalement présentés l'un à l'autre, Maman, qui venait d'avoir 18 ans, a immédiatement lu dans le cœur de Papa et su qu'elle n'en aimerait jamais aucun autre.

« J'ai aimé ton père au moment où je l'ai vu », m'a-t-elle dit.

Papa, alors âgé de 22 ans, a ressenti la même chose. Il est resté sans voix devant la belle Laurette aux cheveux noirs et bouclés et aux yeux de saphir étincelants. Mais il a quand même réussi à lui demander s'il pouvait lui rendre visite et a été à la fois surpris et ravi quand elle a immédiatement répondu *oui*.

Il lui a fait la cour à l'ancienne et de façon romantique, c'est-à-dire que leurs rendez-vous étaient chaperonnés et qu'ils communiquaient par des lettres d'amour. C'était beaucoup plus intime qu'au téléphone, car toutes les lignes de la ville étaient partagées par plusieurs familles. Un jour qu'ils visitaient la cabane à sucre pour goûter au sirop d'érable, Papa a taillé pour Maman sa propre cuillère en bois pour qu'elle n'ait pas à la partager avec quelqu'un d'autre.

Ils se sont mariés en 1944, deux ans après leur rencontre, à l'occasion d'une double cérémonie, l'autre couple étant la sœur de Maman, Rose-Aimée, et son fiancé, Ovila. En cadeau de mariage, Grand-papa Xavier leur a construit un mobilier de chambre à coucher et, comme Papa avait loué une petite ferme, Grand-papa leur a aussi donné une vache. Quelques mois plus tard, Maman et Papa sont devenus les fiers parents d'un petit veau.

À quelques semaines de leur premier anniversaire de mariage, ils ont été bénis par la naissance de leur premier enfant : mon frère aîné, Réjean, qui comme ma mère avait les cheveux noirs et bouclés. Maman disait souvent qu'elle souhaitait que chaque nouvelle mère puisse avoir un premier enfant aussi doux et aussi calme que lui. C'est une bonne chose que Réjean ait pu laisser Maman se reposer, parce que les choses allaient bientôt se précipiter pour la famille Vallée.

Dès la naissance de Réjean, mes parents ont su qu'ils ne voulaient pas rester agriculteurs; ils voulaient élever des enfants, pas du bétail. Alors Papa a pris une décision radicale : il a quitté la ferme et a installé sa femme et son enfant à Magog, au Québec, où il avait obtenu un emploi à la filature de coton de la ville. Ils occupaient une chambre dans la maison d'une des sœurs de Papa, et Maman gardait ses enfants en échange de l'utilisation de leur machine à laver automatique : un véritable luxe à cette époque ! Papa faisait de longues heures à l'usine et prenait des cours du soir pour obtenir un certificat de menuisier. Au cours des trois années suivantes, la famille s'est agrandie de deux fils : d'abord Gaston, puis Marcel. Comme Maman était très économe, ils ont épargné assez d'argent pour permettre à Papa de bâtir sa première maison. Il l'a terminée à temps pour l'arrivée de mon frère André en 1952 et de ma grande sœur Micheline (Mimi) trois ans plus tard.

Mes parents ne pouvaient pas être plus heureux. Malgré le manque d'argent, ils avaient une grande famille, une nouvelle maison remplie d'amour et des enfants en bonne santé.

C'est alors que Papa a perdu son emploi à l'usine et qu'il n'a pas pu trouver de travail à proximité. Finalement, un ami l'a aidé à obtenir un emploi à Lancaster. Et bien qu'il ne parlait pas un mot d'anglais et ne pouvait pas supporter l'idée d'être séparé de sa femme et de ses enfants, Papa n'avait pas d'autre choix que d'accepter l'offre et de déménager en Ontario, laissant Maman s'occuper seule de toute la famille. Comme toujours, Maman s'est débrouillée. Mais elle devait être encore plus économe et prévoyante. Elle faisait elle-même tous les vêtements des enfants, comme sa mère l'avait fait avant elle; quand elle ne pouvait pas se permettre d'acheter de nouveaux boutons, elle cousait ceux des vêtements d'hiver sur ceux d'été, aux changements de saison. Maman faisait face à la situation, jusqu'au jour où un voisin est venu frapper à sa porte de toute urgence.

« Laurette, Laurette, viens vite !, criait-il. Ton fils Gaston vient d'avoir un malaise à l'école ! »

Mettant Mimi dans sa poussette, Maman a couru jusqu'à l'école, a ramené Gaston à la maison et l'a mis au lit. Il avait les articulations douloureuses et un terrible mal de tête; il vomissait et a continué à vomir toute la nuit. Récemment, il y avait eu une épidémie de polio et Maman était terrifiée à l'idée qu'il ait contracté cette maladie redoutable. Lui ayant administré un remède de bonne femme consistant en une tasse d'eau chaude mélangée à un petit verre de gin, elle a appelé le médecin qui, à son grand soulagement, a déclaré : « Il a les symptômes de la polio, mais je pense que c'est juste une mauvaise grippe intestinale et le gin a déjà dû tuer les microbes. » La santé de Gaston semblait s'améliorer mais, quelques jours plus tard, Maman a remarqué qu'il boitait et que cela s'aggravait au fil des jours. Elle l'a fait examiner par d'autres médecins, mais aucun d'eux n'a pu diagnostiquer quoi que ce soit.

L'état de Gaston s'est détérioré et, pour la première fois de sa vie, ma mère s'est sentie totalement dépassée. En plus de veiller sur un enfant malade et sur quatre autres en bonne santé, elle a découvert qu'elle était à nouveau enceinte… cette fois de moi. La situation était trop difficile à supporter toute seule. Elle a mis en location la maison que Papa avait construite, elle a plié bagage avec les enfants et, sans connaître un mot d'anglais et avec seulement quelques dollars en poche, elle est partie vers l'ouest pour rejoindre mon père en Ontario.

2

Riches en amour

NÉE AVEC UN DON pour le spectaculaire, j'ai fait une entrée remarquée dans cette vie à 14 heures, le 22 mars 1959. Tout est arrivé si vite que Maman n'a pas eu le temps de se rendre à l'hôpital. Heureusement, c'était un dimanche et Papa était à la maison. Donc, il a pu aller chercher l'infirmière qui habitait dans notre rue. Quelques minutes après leur arrivée, j'étais là, une petite fille rousse de huit livres en bonne santé.

L'accouchement s'est bien passé mais, pendant que Papa raccompagnait l'infirmière, il a laissé la porte de la chambre entrouverte, et le chat de mon frère Gaston s'y est faufilé. Le chat a sauté dans mon berceau et ma mère, affolée, m'a attrapée, a chassé le chat et m'a gardée dans ses bras sous les couvertures jusqu'au retour de mon père. L'excitation et l'effort ont déclenché une hémorragie chez Maman, et Papa a dû repartir chercher l'infirmière. L'histoire s'est bien terminée pour Maman et pour moi, mais pas pour le chat de Gaston qui a dû quitter la maison.

Pauvre Gaston ! Il se trouve qu'il avait une maladie osseuse, rare mais guérissable, qui a nécessité une grave intervention chirurgicale pour redresser ses jambes afin qu'il ne boite plus. L'opération a réussi mais, pendant les deux années qui ont suivi, il a dû porter des plâtres aux deux jambes, depuis les talons jusqu'aux hanches. Il ne pouvait pas marcher et, de 11 à 13 ans, il a été pratiquement confiné à la maison. Mes parents avaient adopté le chat pour occuper Gaston pendant sa convalescence. Quand le chat est parti, je suis devenue le nouveau divertissement de mon frère. Durant les 18 mois suivants, Gaston a changé mes couches, m'a baignée, m'a donné le biberon et m'a bercée. C'était un excellent gardien d'enfants, ce qui a beaucoup aidé ma mère alors dépassée par les soins qu'elle lui prodiguait, non seulement à lui mais aussi à nous tous. La nuit, ma sœur Mimi, qui avait quatre ans, se glissait dans mon lit pour dormir à mes côtés, comme si j'étais sa poupée. J'étais le bébé de la famille et tout le monde à tour de rôle voulait s'occuper de moi.

Vivre à Lancaster était une bonne chose pour la famille, même si Papa travaillait dur six jours par semaine car, au moins, nous étions tous ensemble. Papa était farceur et faisait souvent des blagues aux garçons. Malgré ses soucis d'argent et ses longues heures de travail, il était toujours de bonne humeur, et il sifflotait et riait volontiers. Mes frères s'étaient fait des amis à l'école, pratiquaient beaucoup de sports et apprenaient l'anglais. Maman se démenait pour gérer notre nouvelle maison, veiller sur moi et Mimi, tailler nos vêtements et aider Gaston à reprendre des forces. En hiver, elle organisait des matchs de hockey en famille : on installait Gaston devant le filet du gardien de but, et Maman et les garçons essayaient de marquer un but en patinant autour de lui. Une fois que j'ai su marcher, quand il faisait bon, je jouais dans la petite maison que Papa m'avait construite dans la cour.

Ce portrait de famille idyllique n'a eu qu'un temps, puisque notre séjour en Ontario a été écourté quand Papa a de nouveau été mis à pied. Heureusement, il avait beaucoup d'amis qui l'ont aidé à retrouver du travail. L'un d'eux lui a obtenu un nouvel emploi au Québec, à Valleyfield, petite ville située à 30 minutes au sud-ouest de Montréal sur une péninsule bordant le lac Saint-François et célèbre pour ses courses annuelles de régates.

Maman et Papa voulaient nous construire une maison permanente bien à nous, mais ils avaient besoin d'économiser pour acheter un terrain. Nous avons donc vécu nos premières années à Valleyfield très à l'étroit. Les huit membres de la famille, soit Maman, Papa et les six enfants, étaient entassés dans un petit appartement de deux chambres. Mes parents occupaient une chambre, mes quatre frères se partageaient l'autre, et Mimi et moi dormions sur un divan-lit dans le salon. Comme le salon bourdonnait d'activités à l'heure de mon coucher, je m'endormais chaque soir dans le lit de mes parents et, quand les choses s'étaient calmées, Maman ou Papa me transportait sur le divan et me bordait aux côtés de ma sœur. Quand j'étais petite, j'adorais faire la grasse matinée et je me levais habituellement plus tard que les autres. En me réveillant, j'entendais le va-et-vient des garçons en train de se préparer pour l'école, le sifflement de Papa partant au travail et le tapage des casseroles dans la cuisine où s'affairait Maman. J'adorais ce vacarme et cette proximité des autres. Mes frères ramenaient leurs copains à la maison, et Réjean grattait sur sa guitare et me demandait de danser pour tout le monde. Je raffolais de cette attention.

Un jour, Papa nous a annoncé une grande nouvelle : il avait trouvé un terrain idéal pour construire la maison. Même le nom de l'endroit était fait pour nous.

« Il est sur la rue Vallée ! Que demander de plus pour la famille Vallée ? Les Vallée de la rue Vallée à Valleyfield ! »

Papa a commencé à travailler sur la maison tous les week-ends avec Réjean, qui avait alors 19 ans et faisait des études d'électricien. Quelques années plus tard, Réjean assurait l'installation électrique de nombreuses maisons de la région et il a finalement ouvert sa propre entreprise d'électricité à Valleyfield. Notre maison a été érigée en un rien de temps, même si Papa a passé des années sur les finitions à l'intérieur. Il était perfectionniste et il aimait la menuiserie.

La nouvelle maison était ma première vraie maison, et elle était magnifique. Il y avait plein de chambres pour tout le monde, un grand salon pour recevoir les invités, un immense sous-sol pour jouer et une énorme cour avec un foyer en pierre qui est devenu le lieu de rencontre pour les barbecues de la famille et du voisinage.

Mes frères étaient beaucoup plus âgés que moi – j'ai 14 ans d'écart avec Réjean – et quand eux et mes nombreux cousins ont commencé à se fiancer et à se marier, c'est moi qui ai assumé la responsabilité officielle de porter, pendant la cérémonie, les précieux anneaux de mariage pour la famille élargie des Vallée-Couture. Je me régalais. Maman me coiffait élégamment et m'habillait de jolies robes, et je pouvais me coucher tard après m'être enivrée au Seven-Up. En cadeau de mariage, Papa aidait chaque fois les garçons à construire leur première maison.

Réjean et moi avions les traits de la famille de Maman et, de tous les frères et sœurs, c'est nous qui nous ressemblions le plus. Mais nos personnalités étaient très différentes. J'étais une gamine enjouée et turbulente et il était très sérieux, agissant toujours de façon responsable. Il parlait peu, mais quand il parlait, les gens écoutaient. J'étais timide avec lui, mais je l'admirais beaucoup, comme d'ailleurs la plupart des gens de la ville à tel point qu'il a un jour été élu commodore des régates annuelles, ce qui était un grand événement à Valleyfield. Les régates attirent chaque été des milliers de passionnés à Valleyfield, doublant la taille de la population et injectant des centaines de milliers de dollars dans l'économie locale.

À l'inverse de Réjean, Gaston, le deuxième garçon, était bavard. Il était toujours de bonne humeur, un conteur né, et pouvait parler de n'importe quoi pendant des heures. Après avoir changé mes couches, Gaston avait gardé l'habitude de me surveiller. Il avait 12 ans de plus que moi et, après avoir terminé ses études de comptable, il a assuré la tenue des livres de mon école secondaire. J'avais un jour décidé de faire l'école buissonnière et de rester à la cafétéria avec une amie, quand j'ai soudain entendu l'annonce suivante au haut-parleur : « Attention, étudiants. Guylaine Vallée est priée de se présenter immédiatement au bureau de M. Gaston Vallée. » Quand je suis arrivée à son bureau, il a secoué la tête d'un air désapprobateur. « Qu'est-ce que tu fais là, ma petite sœur ? Retourne en classe ! » C'est la dernière fois que j'ai fait l'école buissonnière. J'étais trop embarrassée !

Mon frère Marcel était le plus timide des garçons, et il avait un cœur énorme et généreux. Chaque fois qu'il invitait des amis à la maison, il me semblait que la moitié de Valleyfield était là. Il était tellement populaire que tout le monde s'assemblait autour de lui, voulant être son ami. L'argent n'a jamais semblé l'intéresser et il m'a avoué un jour : « Ma seule ambition dans la vie est d'être heureux. »

André, Mimi et moi étions les plus jeunes et d'âge suffisamment rapproché pour former notre propre groupe à table. Il y avait d'un côté les trois grands garçons, et de l'autre nous trois. À l'adolescence, André avait de l'énergie à revendre et il avait hérité des gènes farceurs de Papa. Il avait 12 ans le jour où, faisant le clown à l'arrière de l'autobus scolaire, il a accidentellement ouvert la porte de secours et a fait une chute sur la route. Une autre fois, il s'est retrouvé à l'hôpital parce qu'en aidant un ami à réparer un toit, il s'était levé pour raconter une blague et était tombé. Il était drôle et téméraire, mais toujours là quand on avait besoin de lui.

Mimi était, à bien des égards, une seconde mère pour moi. Pendant mes six premières années, nous avons dormi dans le même lit et elle prenait toujours ma défense quand les garçons me taquinaient. C'est la seule personne que j'aie jamais accueillie dans ma maison de poupées à Lancaster, non pas parce qu'elle était la seule autre personne qui pouvait s'y tenir, mais parce que je l'aimais tellement. De quatre ans mon aînée, Mimi était assez grande pour avoir ses propres amis et intérêts. Par conséquent, quand j'étais petite, j'étais souvent seule, mais je ne me sentais jamais seule. Je pouvais passer tout l'après-midi dans la cour à chanter les chansons de Joselito, jeune et célèbre chanteur d'Espagne, ou bien le plus grand succès de Luis Mariano, mon chanteur préféré : Meeeexiiiiicoooo ! Parfois, je restais assise pendant des heures sur ma balançoire en regardant le ciel et en rêvant de toutes les merveilleuses possibilités que la vie avait à offrir.

Quand je ne rêvassais pas, j'étais très active. J'aimais les sports, en particulier ceux de vitesse. Mes tout premiers patins à glace avaient appartenu à mon frère André; ils étaient bruns, vieux, très usés et sans aucune dent de pointe sur les lames pour m'aider à faire des pirouettes et des sauts. Je souhaitais tant me joindre aux

Ice Capades que mes parents ont économisé pour m'acheter une bonne paire de patins blancs et m'offrir des leçons de patinage artistique. J'adorais la sensation de voler sur la glace. J'aimais aussi la course et, un bel été, j'ai été assez rapide pour me qualifier à une course régionale. J'avais alors 12 ans. Le matin de la compétition, tous les autres concurrents sont arrivés accompagnés de leurs propres entraîneurs et revêtant des tenues Adidas, la grande mode à l'époque. Avec mes vieilles chaussures de course ainsi qu'un short et un T-shirt dépareillés, je me suis soudain sentie mal à l'aise. J'ai perdu ma concentration, puis la course, et je n'ai pas pu avancer au niveau suivant. C'était la première fois que je souffrais d'un grave manque de confiance en moi, mais pas la dernière.

J'avais 6 ans quand Papa est allé travailler à Saratoga Springs dans l'État de New York, et ça a été un énorme bouleversement pour toute la famille. Pendant les dix années suivantes, il ne rentrait à la maison qu'à la fin de la semaine. Parce qu'il était absent et qu'à ce moment-là tous les enfants allaient à l'école à plein temps, Maman a commencé à travailler hors du foyer. Elle a débuté comme serveuse lors de banquets et aimait tellement être entourée de gens que, même après huit heures de travail debout, elle arborait un sourire radieux quand elle revenait à la maison.

Mimi, ma mère de remplacement âgée d'à peine 10 ans, veillait sur moi pendant que Maman travaillait. Nous allions au supermarché armées d'une liste d'épicerie et de l'argent que Maman nous avait laissé. Mimi me poussait en chariot dans les allées et j'attrapais au passage sur les étagères les articles dont nous avions besoin. Elle calculait au sou près combien nous dépensions pour ne pas dépasser notre budget. Nous faisions les tâches ménagères le samedi et, les soirs où Mimi préparait le repas, je faisais la vaisselle.

Quand Papa revenait, il rapportait en général un cadeau pour Maman. Il lui achetait toujours de petits présents pour la surprendre. Par exemple, il cachait une paire de boucles d'oreilles dans le tiroir d'ustensiles, laissait une nouvelle robe posée négligemment sur le lit ou dissimulait un mot d'amour dans ses gants. Le soir, Maman s'asseyait sur ses genoux sur l'étroite chaise berçante dans le salon, et ils restaient main dans la main toute la soirée. J'admirais leur tendresse et leur engagement; peu importe la durée ou le nombre de fois qu'ils étaient séparés, ils se retrouvaient toujours avec autant d'émotion. Maman avait raison : nous étions riches en amour.

Ce que j'aimais particulièrement à Valleyfield, c'est que notre maison se trouvait juste à côté de mon école. Comme Maman, j'adorais l'école. Le premier jour, j'étais tellement excitée que j'ai couru tout le long du chemin, j'ai trébuché et je me suis étalée dans une flaque d'eau avant d'arriver. Le professeur m'a fait enlever mes bas humides qui ont séché sur le radiateur devant toute la classe. J'étais là, debout devant tout le monde, dans ma tunique grise et les jambes nues. Quelle humiliation pour entamer mon instruction scolaire ! Mais cela ne m'a pas empêchée de me faire de nouveaux amis et de savourer chacune de mes classes.

En outre, comme ma mère, j'étais gauchère et donc encouragée par mes professeurs à écrire de la main droite. Mais, contrairement à elle, je n'ai jamais reçu de coups de règle sur les doigts. La seule difficulté que j'aie rencontrée pendant l'école primaire c'est le jour où on nous a demandé de lever la main et de dire à la classe ce que nous voulions faire quand nous serions grands. La plupart des enfants ont donné la réponse habituelle : pompier, infirmière, pilote ou médecin.

« Je veux être une bonne personne », ai-je déclaré à toute la classe.

« Mais ce n'est pas un métier !, a répliqué le professeur, agacé. Que veux-tu être ? »

J'ai continué à réfléchir, mais rien d'autre ne m'est venu à l'esprit. Tout ce que je voulais c'était être une bonne personne. J'avais été inspirée par l'exemple de mes parents. En effet, c'étaient les meilleures personnes que je connaissais.

3

Dans les ténèbres

*J*USTE AVANT MON QUATORZIÈME anniversaire, un événement a changé ma vie.

J'étais une adolescente indépendante et déterminée et, un matin, j'ai décidé de changer totalement d'apparence. Sans rien dire à personne, je me suis rendue au salon de coiffure, j'ai grimpé sur une chaise et pointé du doigt la photo d'un mannequin portant une coupe très courte, genre Mia Farrow.

« Pouvez-vous me couper les cheveux comme elle ? », ai-je demandé à la coiffeuse.

« Bien sûr, pas de problème ! », a-t-elle répondu, et elle s'est mise au travail. À sa grande surprise – et mon grand désespoir – mes cheveux châtains à l'origine qui étaient passés au brun, frisaient de plus en plus à chaque coup de ciseaux. De grosses larmes ont commencé à rouler le long de mes joues; plus elle coupait, plus je pleurais. Quand elle a terminé, j'étais si bouclée que ma chevelure ressemblait davantage à celle du chanteur Robert Charlebois ou de l'un des Jackson Five qu'à la coupe lisse de Mia Farrow. La coiffeuse a paniqué et a tenté de remédier à mes frisettes en les enduisant d'une énorme quantité de Dippity-Do. Cela n'a fait qu'empirer les choses; elle a fini par verser tout le contenu du pot de gel vert et gluant sur ma tête. M'extirpant de sa chaise, je me suis précipitée dans la rue en sanglotant, sachant à quel point j'avais l'air ridicule.

Tout en marchant, j'ai aperçu la Buick de mon père qui arrivait et je me suis arrêtée pour l'attendre. J'avais honte qu'il me voie ainsi, mais je ne voulais pas non plus rester dans la rue avec un air aussi pitoyable. Papa ne m'a pas reconnue et il est passé devant moi sans ralentir. J'ai donc traversé toute la ville à pied jusqu'à la maison, et je me suis enfermée dans ma chambre pour pleurer.

Quelque chose s'était rompu en moi, et je n'étais plus la même. Je n'exagère pas : ce n'était pas seulement une mauvaise coupe de cheveux, ma confiance en moi s'était effondrée. Je me sentais tellement laide et j'avais perdu mon estime de moi. Chaque fois que je me regardais dans le miroir, mes cheveux massacrés me rappelaient cette perte.

« Guylaine, c'est pas si grave ! Des cheveux, ça repousse et tu es ma belle fille », me disait ma mère en m'enveloppant de ses bras. Je ne la croyais pas, mais j'appréciais sa compassion.

J'ai eu l'impression que mes cheveux ont pris une éternité pour repousser, et ils étaient encore plus bouclés qu'auparavant. À l'époque, c'est-à-dire le début des années 70, les cheveux longs et raides étaient à la mode et les filles à l'école avaient toujours un grand peigne dans la poche de leur veste de jean. J'en portais un moi aussi, mais pas question de l'utiliser sur ma coupe « afro ». Maman a bien essayé de défaire mes frisettes avec son fer à repasser, mais ça n'a pas marché. Papa tentait de me sortir de ma déprime en me taquinant. Il tenait une poêle au-dessous de mon visage, en annonçant : « Laurette, je pense qu'on va encore manger du boudin pour souper ! » Il me mettait hors de moi, mais il avait raison. J'avais transformé une jeune fille joyeuse en une jeune femme maussade, et ma mauvaise humeur ne faisait qu'empirer.

À 15 ans, un autre incident fâcheux a entraîné une blessure d'amour-propre profonde et durable. Maman m'avait acheté un manteau d'hiver marron en simili-cuir avec simili-fourrure aux manches et un chapeau cloche assorti. L'ensemble était très chic, et je me sentais fière et élégante la première fois que je l'ai porté à l'école. Depuis ma coupe ratée un an plus tôt, j'avais enfin une occasion de me sentir un peu jolie. Mais ce sentiment a vite disparu après la classe, lorsque la « méchante » de l'école m'a bombardée, moi et mon nouveau manteau, d'une douzaine d'œufs.

J'ai de nouveau été humiliée, cette fois devant mes camarades de classe. Sur le chemin du retour, je pleurais toutes les larmes de mon corps, certaine que ma belle tenue était ruinée. Mais c'était sans compter sur la débrouillardise de ma mère. Ayant essuyé les larmes et les restes d'œufs sur mon visage, elle a nettoyé le manteau jusqu'à ce qu'il retrouve l'éclat du neuf.

La fille qui m'avait attaquée ne m'a jamais plus harcelée. Elle s'en prenait à tout le monde et je pense que, ce jour-là, c'était mon tour d'être sa victime. Sa cruauté m'était alors incompréhensible mais, avec le recul, je crois que j'en étais partiellement responsable : en étant déprimée et en m'apitoyant sur mon sort, j'étais une proie facile, et j'avais attiré sa colère comme un aimant. Cependant, je ne l'ai compris que des années plus tard.

Cette attaque n'a sûrement pas contribué à ma popularité. J'étais déjà l'étudiante la moins populaire de l'école et je n'avais jamais eu de petit ami. Quelques-uns de mes amis ont bien essayé de me remonter le moral et de m'encourager, mais j'étais tellement déprimée que je suis restée sourde à toutes leurs suggestions positives.

Ma mauvaise humeur avait aussi sa raison d'être à la maison, où se déroulait un pénible drame familial.

Un matin, au lieu de partir travailler au garage local, mon frère Marcel s'est assis sur une chaise de la cuisine et s'est mis à pleurer. Il a continué à pleurer, jour et nuit, pendant une semaine, sans dire à personne ce qui n'allait pas. Il ne parlait pas du tout. Il restait assis sur sa chaise à sangloter. Ce fut un véritable choc pour nous tous, surtout parce qu'il avait toujours été heureux et facile à vivre et qu'il avait tant de qualités. Âgé d'un peu plus de 20 ans, il était beau, généreux et doux; tout le monde l'aimait et il avait des amis dans toute la ville.

Mes pauvres parents ne savaient plus que faire. Maman, redoutant qu'il se drogue, avait fouillé toute la maison, sans rien trouver. Elle avait appelé ses amis et collègues de travail pour voir s'ils savaient quelque chose, mais ils étaient tout aussi confus que nous.

Mes autres frères le suppliaient de se confier à eux.

« Est-ce qu'on t'a battu, Marcel ? C'est un chagrin d'amour ? Dois-tu de l'argent ? As-tu reçu des menaces ? »

Mais il ne répondait pas, secouant la tête et continuant à pleurer. Nous n'arrivions pas à comprendre ce qui n'allait pas, et il ne pouvait pas nous le dire parce qu'il ne le savait pas non plus. Puis, un jour, ses pleurs ont cessé aussi soudainement qu'ils s'étaient déclarés, mais il ne parlait toujours pas. Et ça a duré des semaines. Il semblait avoir perdu tout espoir et il posait sur nous le regard vide d'un zombie.

Une série de tests médicaux a révélé un trouble bipolaire supposément provoqué par un choc ou un traumatisme émotionnel. Les médecins ont prescrit des médicaments, mais Marcel n'a plus jamais été le même, et on n'a jamais su ce qui avait déclenché son état.

À cette époque, mes frères aînés, Réjean et Gaston, étaient mariés à Francine et à Monique respectivement et avaient déjà une maison et une famille. André vivait dans un appartement à l'autre bout de la ville et Mimi passait le plus clair de son temps avec son fiancé, Normand. Donc, j'étais souvent seule à la maison avec mes parents et Marcel. Heureusement, à ce moment-là, Papa était de retour et travaillait à Valleyfield.

Les soirées étaient particulièrement difficiles. Une nuit, Marcel est arrivé dans ma chambre en traînant les pieds, enveloppé dans ses couvertures. Il s'est planté devant mon lit comme un fantôme dans l'obscurité. Je me suis réveillée en sursaut.

« Guylaine, a-t-il murmuré en me regardant dans le noir, un jour, tu me trouveras mort dans le sous-sol; je veux me suicider parce que j'ai trop mal. » Puis il s'est tourné et il est sorti dans le couloir. J'avais tellement peur qu'il fasse une tentative de suicide que j'ai passé toute la nuit à le surveiller, et j'ai continué à le faire pendant de nombreuses nuits. Quand il descendait au sous-sol, mon estomac se nouait.

Une autre fois, il a décidé de se faire des frites au milieu de la nuit. Il a versé une bouteille d'huile dans une casserole qu'il a fait chauffer à feu vif, puis il est retourné se coucher. Mes parents et moi nous sommes réveillés en toussant à cause de l'épaisse fumée noire qui emplissait la maison.

C'est là que mes parents ont réalisé qu'ils ne pouvaient plus prendre soin de Marcel, et ils en ont eu le cœur brisé. Malgré ses menaces de suicide, il était gentil et jamais violent, mais il refusait de prendre ses médicaments, ce qui était dangereux pour lui comme pour nous tous. Un médecin a finalement recommandé que Marcel quitte la maison pour vivre ailleurs.

« S'il vit seul, a affirmé le médecin, il ne pourra plus dépendre de sa famille et il aura plus de chances de suivre son traitement. Ce serait la meilleure chose pour lui. »

C'étaient des mots durs qui allaient à l'encontre des convictions de ma famille, c'est-à-dire prendre soin des autres et des nôtres. Mais il était médecin, et nous ne savions pas quoi faire d'autre. On en savait si peu sur les maladies mentales à l'époque. Donc, un soir d'été, toute la famille s'est réunie à la maison pour soutenir Maman et Papa qui s'étaient rangés, à contrecœur, à l'avis du médecin. Maman avait préparé une petite valise pour Marcel, et les garçons l'ont accompagné dehors. Après quoi, nous avons verrouillé la porte.

L'horrible scène qui a suivi restera toujours gravée dans ma mémoire et je n'oublierai jamais les événements de cette nuit-là. Nous étions tous assis à l'intérieur pendant que Marcel, sur le perron, hurlait à travers ses larmes, sonnait et frappait à la porte, nous suppliant de le laisser rentrer. Maman pleurait hystériquement, le cœur broyé. Finalement, ne pouvant plus le supporter, elle a commencé à crier aussi fort que Marcel.

« Laissez entrer mon garçon ! » Mes frères s'efforçaient de la retenir et de l'empêcher d'ouvrir la porte. « *S'il vous plaît…* laissez-le revenir ! On ne laisse pas les chiens dehors, pourquoi devrais-je laisser mon fils ? »

Je ne sais pas ce qui était le plus dur : entendre Marcel supplier et frapper de l'autre côté de la porte, ou voir ma mère emprisonnée à l'intérieur, dans une telle souffrance. Papa était tellement dévasté qu'il ne pouvait pas prononcer un mot; il était assis seul dans un coin et pleurait silencieusement.

Nous faisions cela pour le bien de Marcel, mais c'était l'expérience la plus douloureuse que ma famille ait enduré jusque-là. Pourtant, après cette terrible soirée, Marcel a décidé de prendre ses médicaments. Nous lui avons loué un petit appartement près de la maison et il semblait y être plus heureux.

C'était ma cinquième et dernière année au secondaire, et j'apportais avec moi l'angoisse de ma vie de famille en classe et mes malheurs scolaires à la maison. J'essayais de cacher ma tristesse à mes parents parce que Marcel leur donnait déjà suffisamment de fil à retordre. Mais j'étais de mauvaise humeur, renfermée et si découragée que j'avais du mal à sortir du lit le matin. Je me détestais et j'en voulais à Marcel de me rendre si malheureuse.

Je suis restée dans cet état d'abattement jusqu'au moment où j'ai fait une découverte remarquable, une nuit où je ne dormais pas parce que je me faisais du souci pour Marcel. Si je fermais les yeux et me concentrais intensément sur la tache noire que j'imaginais à l'intérieur de mon front, je me sentais fondre dans l'Univers et je ressentais alors une impression sublime de calme et de paix. J'étais toujours consciente et je savais que je ne dormais pas, mais j'étais en quelque sorte capable de glisser hors de moi-même loin de mon esprit inquiet. J'ai commencé à pratiquer cette technique tous les soirs et bientôt je faisais ce que certains appellent des « sorties de corps ».

Habituellement, je flottais au plafond de ma chambre; parfois je volais à l'extérieur et je m'évaporais dans l'obscurité. Une fois, je me suis retrouvée dans la maison d'une amie d'école. Je planais au-dessus d'elle tandis qu'elle regardait la télévision et partageait un bol de popcorn avec une autre amie. Le lendemain, à l'école, j'ai demandé aux filles ce qu'elles avaient fait la veille.

« On a juste regardé la télévision et mangé du popcorn », ont-elles répondu. J'ai souri et j'ai demandé quelle émission elles avaient regardé et les vêtements qu'elles portaient. Elles m'ont jeté un regard étonné, mais l'émission et les vêtements qu'elles ont décrits étaient exactement ceux que j'avais vus au cours de ma « visite ».

Leurs réponses ont confirmé que mes sorties de corps étaient bien réelles. Je ne comprenais pas ce qu'elles signifiaient, mais elles m'ont convaincue qu'il existait une grande force au-delà de notre compréhension, une force plus grande que nous tous. Des années plus tard, j'ai découvert qu'il y avait différents niveaux d'existence mais, à l'époque, je ne savais rien des autres dimensions, ni du voyage astral. C'était un énorme mystère pour moi et je voulais le résoudre : je voulais savoir ce qui m'arrivait quand je m'en allais « dans les ténèbres ». Mais je n'avais personne avec qui aborder ce sujet bizarre. Je savais que, si je décrivais mes expériences étranges à ma famille, mes amis ou mes enseignants, ils me croiraient folle. Et si je parlais à un prêtre de ce que je faisais la nuit, il pourrait suggérer un exorcisme ou quelque chose de ce genre ! D'ailleurs, j'avais arrêté d'aller à l'église un ou deux ans plus tôt. J'avais été élevée dans la religion catholique et mes parents nous avaient amenés à la messe tous les dimanches. Cependant, dès l'adolescence, les dogmes et les règles me semblaient absurdes ou ne me touchaient plus spirituellement. Je pensais que Dieu existait, mais qu'il résidait à l'intérieur de chacun de nous, et je voulais sentir sa présence. Parfois, je le cherchais dans le ciel, la nuit. Je levais les yeux vers l'étoile la plus brillante et j'avais la certitude qu'on veillait sur moi, que j'étais bien protégée. Aujourd'hui, grâce à ma connaissance de la chirologie et de l'astrologie, je me rends compte que je cherchais Jupiter, la planète du gourou, ou protecteur, celui qui dissipe les ténèbres. Mais à l'époque je ne savais rien de tout cela.

Par conséquent, je ne parlais à personne de mes sorties de corps et, la nuit, je laissais mes ennuis derrière moi, du moins temporairement, en utilisant mon arme secrète qui me procurait tant de paix.

Un dimanche matin de juillet, pas longtemps après avoir fini l'école secondaire, je me suis réveillée tôt et j'ai regardé le réveil : il était 6 heures.

Tant mieux ! Ce n'est pas encore l'heure d'affronter ma journée. Je peux me rendormir.

Alors, sans aucun effort et en toute conscience, je suis sortie de mon corps et j'ai commencé à flotter au plafond de ma chambre tout en regardant la Guylaine endormie… et je n'ai pas aimé ce que je voyais. Je me suis précipitée vers elle, je me suis mise à lui donner des coups de poing et à la secouer de toutes mes forces.

Alors, je me suis dressée, terrorisée. Mon cœur battait à 100 milles à l'heure. De ma vie, je n'avais jamais eu aussi peur. Cette expérience m'a ébranlée au plus profond de moi, et j'ai su que je venais de m'envoyer un message : *Cesse d'être malheureuse et de t'apitoyer sur ton sort.* Je devais changer, me sortir de ma mauvaise humeur et cesser de blâmer le pauvre Marcel pour mes échecs et mon désespoir, de ne pas avoir de petit ami et d'être si malheureuse. Je devais au contraire l'aimer de tout mon cœur et l'aider autant que possible. Dans un éclair d'intuition, j'ai compris que j'avais été égoïste et que je devais radicalement changer mon état d'esprit.

C'était un dur retour à la réalité. Je devais assumer la responsabilité de mon malheur comme de mon bonheur. Je ne pouvais m'en prendre qu'à moi-même.

En quelques minutes, ma perception de Marcel a complètement changé, de même que notre relation. Je voulais vraiment l'aider, et j'ai appris à l'aimer pour ce qu'il était : mon grand frère Marcel si bon et si gentil. Ce matin-là, que je n'oublierai jamais, ma vie a pris une dimension plus profonde et une nouvelle orientation.

4

L'enseignement supérieur

À DIX-SEPT ANS, UNE FOIS diplômée de l'école secondaire, j'étais censée savoir ce que je voulais faire dans la vie.

Mais comment savoir ? Les cinq dernières années ayant été remplies de doutes et de craintes, comment pouvais-je songer à l'avenir quand j'étais hantée par mon passé ? La seule chose dont j'étais sûre c'était que je devais quitter Valleyfield et laisser derrière moi l'arrière-goût d'échec qui me suivait partout.

Je voulais poursuivre mes études et devais choisir un programme auquel m'inscrire au cégep. (Au Québec, les cégeps offrent des programmes professionnels de trois ans ou des programmes pré-universitaires de deux ans.) Quand j'essayais d'imaginer une carrière qui me conviendrait, tout ce qui me venait à l'esprit c'était être actrice. Au secondaire, j'avais participé à deux productions, y compris une comédie musicale, espérant ainsi oublier mes difficultés, et ça m'avait aidée. Je pensais avoir un certain talent pour la comédie et le chant et, qui sait, j'étais peut-être promise à une carrière prestigieuse.

J'ai demandé à passer une audition pour le programme de théâtre du Cégep de Sainte-Thérèse. Il n'était qu'à 80 kilomètres, c'est-à-dire que je pouvais vivre sur le campus et revenir facilement à Valleyfield. Ce serait un nouveau départ dans une nouvelle ville où j'espérais me faire de nouveaux amis. Mais quand je suis arrivée sur le campus pour mon audition, je ne songeais qu'à faire demi-tour et à rentrer chez moi. J'avais vécu une enfance très protégée et j'étais peut-être trop naïve et trop sérieuse pour le milieu du théâtre, parce que j'ai été choquée par tout ce que je voyais. La plupart des étudiants affichaient un style hippie avec des cheveux longs, des jeans déchirés et des accoutrements extravagants. Certains s'embrassaient langoureusement en public, d'autres fumaient un joint et buvaient de la bière à la vue de tous.

Qu'est-ce que je vais bien pouvoir apprendre dans une école pareille ?, me demandais-je.

Pour mon audition, je comptais interpréter le monologue d'une jeune fille perdue dans les bois et j'ai décidé de le faire pieds nus. Quand mon tour est venu, j'ai ôté mes chaussures et respiré profondément. J'étais nerveuse parce que je n'avais pas assez répété, mais j'essayais de ne pas le montrer. La minute où je suis montée sur la scène, j'ai perdu toute ma concentration. Le sol était très sale et je pouvais sentir la crasse suinter entre mes orteils.

Oh non... je n'ai pas du tout envie d'être ici, pensais-je les yeux rivés sur le plancher, jusqu'à ce que quelqu'un du fond de l'auditorium se racle la gorge.

« Guylaine Vallée, c'est votre tour, allez-y ! »

J'étais figée.

« Nous n'avons pas toute la journée. Commencez ! »

Je n'arrivais pas à ouvrir la bouche.

« Pour la dernière fois, mademoiselle Vallée... qu'est-ce que vous avez à nous montrer ? »

J'ai plongé le regard dans l'obscurité.

« Eh bien, sortez ! »

Alors je suis sortie. Je savais que c'était fini, que je ne remettrais plus les pieds dans cette école. Je suis rentrée à Valleyfield. Ma première tentative d'évasion s'était soldée par un échec humiliant, et je n'avais pas d'autre plan. Comme l'année était déjà bien avancée, la plupart des écoles étaient pleines et n'acceptaient plus d'inscription. J'étais prête à renoncer aux études supérieures quand un ami m'a parlé du programme Art et technologie des médias du Cégep de Jonquière. Le programme est très célèbre aujourd'hui, ayant formé de nombreux diplômés bien connus, et la liste d'attente des étudiants est longue mais, en 1977, il était à peu près inconnu et, heureusement pour moi, il était facile de s'y inscrire. De plus, comme la ville de Jonquière était au fin fond des bois, à 500 kilomètres au nord de Valleyfield, ce serait ma grande évasion. J'ai fait ma demande peu de temps avant le début de l'année scolaire et, Dieu merci, j'ai été acceptée.

Maman et Papa étaient fiers de moi. Papa avait été forcé de quitter l'école quand il était encore enfant, et Maman avait rêvé d'aller à l'université. Ils n'avaient pas eu assez d'argent pour envoyer les aînés à l'université, mais ils étaient plus à l'aise maintenant et m'ont offert un soutien financier pour les trois ans du programme.

J'ai vécu en résidence pendant ma première année à Jonquière, puis en appartement avec quelques camarades de classe les deux dernières années. C'était une expérience très positive. J'apprenais à être indépendante, à gérer un budget, à prendre des responsabilités et à me faire des amis. J'ai enfin pris un nouveau départ.

J'aimais la vie du cégep et je me passionnais pour toutes mes classes, comme la photographie, la publicité, le marketing, la télévision, la rédaction de scénarios, le montage vidéo et les sciences politiques, pour ne nommer que celles-là. À mesure que je lisais plus de livres et débattais de nouvelles idées, je sentais mon esprit s'ouvrir et je prenais mieux conscience du monde.

Mon premier travail de recherche était sur le conflit israélo-arabe. J'ai choisi d'étudier Carlos le Chacal, le terroriste le plus tristement célèbre et le plus recherché à cette époque. Au lieu de rédiger un texte, j'ai décidé d'interpréter une saynète en tenant moi-même le rôle principal du Chacal. Mon objectif était de faire vivre à mes camarades de classe le même type de terreur que Carlos causait dans tant de pays. Pour créer de la tension, j'ai apporté un fusil en plastique et, cinq minutes après le début de la classe, j'ai frappé à la porte, prête à faire une entrée fracassante et à jouer ma scène. Le professeur, cependant, n'a pas été impressionné. Il a ouvert la porte et m'a regardée d'un air agacé.

« C'est quoi ces bêtises ? Vous êtes en retard mademoiselle Vallée. Ceci est une salle de classe, pas un théâtre ! Sortez ! »

J'étais humiliée, une fois de plus, mais j'apprenais maintenant à ne pas m'en faire et j'ai accepté ma défaite sans amertume. Heureusement que j'avais une bonne moyenne car, en plus de perdre la face devant mes camarades, j'ai récolté un bon, gros zéro pour ce devoir.

Même si mes deux récentes tentatives en art dramatique, c'est-à-dire mon interprétation abrégée du rôle de Carlos et mon audition désastreuse à Sainte-Thérèse, avaient lamentablement échoué, je croyais encore à un avenir d'actrice. Je me suis jointe à une troupe de théâtre qui produisait *Sur le matelas* de Michel Garneau. C'est une comédie romantique au sujet d'un jeune couple en lune de miel dont l'idylle est constamment interrompue par différents personnages et circonstances. Notre metteur en scène, Dominique Lévesque, qui est devenu un acteur bien connu, a fait un travail remarquable. La pièce a été un succès et nous avons fait une tournée dans les théâtres régionaux au Saguenay – Lac-St-Jean. J'ai obtenu le rôle principal de la jeune mariée aux côtés d'un bel acteur qui jouait mon mari. Mais chaque fois que je devais l'embrasser, je tournais la tête vers l'arrière de la scène et faisais la grimace en pensant : *Oh mon Dieu ! Je ne peux pas !* Il n'y avait aucune attirance entre nous, absolument rien ! Et je ne pouvais pas faire semblant de l'aimer ou de ressentir quelque chose que je n'éprouvais pas. Cette réalisation soudaine a brusquement mis un terme à ma carrière d'actrice.

C'est la vie ! Au moins, je n'aurai jamais à subir une autre audition.

La fin des représentations a également été la fin de mon désir d'être actrice, mais je rêvais encore d'être une chanteuse célèbre. J'ai aussi arrêté de me désoler de ne pas avoir de petit ami. J'étais trop stimulée par tout ce que j'apprenais pour perdre du temps et de l'énergie à me morfondre sur ma vie amoureuse inexistante. Je rencontrais toutes sortes de gens intéressants venus des quatre coins de la province et, le vendredi soir, nous allions en bande au Café Campus pour danser au son des groupes les plus populaires du Québec, comme Harmonium, Beau Dommage, et les Séguin. Je reprenais enfin goût à la vie !

Quand je me sentais déprimée, j'utilisais mon arme secrète la nuit, en me concentrant sur la tache noire au centre de mon front pour sortir de mon corps, ce qui me permettait de baigner dans la paix de l'Univers. À mesure que je me remettais de ma dépression, j'usais moins fréquemment de cette technique, mais mes sorties de corps me laissaient encore perplexe et me donnaient envie d'explorer ma spiritualité. Ma curiosité m'a conduite à un professeur de journalisme aux vues similaires et nous sommes devenus de bons amis. J'ai décidé de lui confier que je voyageais hors de mon corps. Je lui ai dit que ces expériences me prouvaient que nous sommes tous connectés à une force cosmique universelle, une force que je languissais d'atteindre et de comprendre.

Il m'a encouragée à poursuivre ma quête spirituelle et nous avons passé de nombreuses heures à discuter de Dieu, de l'âme et du but de l'existence. Il était membre de l'Ordre rosicrucien, société métaphysique qui m'intriguait tellement que j'ai écrit à son siège et demandé à prendre des leçons. Apparemment, ma demande s'est perdue parce que je n'ai jamais reçu de réponse. J'en ai déduit que ma quête devait prendre une direction différente.

Ma confiance en moi revenait et j'étais maintenant impatiente de me mettre à l'épreuve, d'élargir mes horizons et d'explorer le monde. Quand j'ai terminé mon programme de trois ans, on m'a donné la chance de faire un stage à Radio-Nord en Abitibi, au Québec, c'est-à-dire encore plus au nord et encore plus loin que Jonquière. Je travaillais comme technicienne du son pour une série télévisée intitulée « Reflet d'un pays ». Nous voyagions en petit avion dans une vaste région du Nord du Québec en quête d'histoires à dimension humaine. Ce fut une expérience unique et j'ai pu participer à des reportages sur des faits et des personnages fascinants, tels que les problèmes rencontrés par les adolescents dans une réserve indienne algonquine et le premier couple au Québec à vivre « hors-réseau » et à construire une maison solaire dans la forêt.

C'était un travail gratifiant que j'ai effectué suffisamment bien pour recevoir une offre d'emploi à plein temps en Abitibi. Mais je me sentais trop à l'écart du reste du monde et je voulais vivre dans un endroit où je pourrais rencontrer d'autres personnes à la recherche du sens et du but de la vie, et où je pourrais m'affirmer et faire une différence. Quand je me suis réveillée un beau matin de juin et que j'ai vu par la fenêtre tomber la neige, je savais que l'Abitibi n'était pas pour moi et que je voulais vraiment vivre à Montréal, la ville de mes rêves !

Mais j'avais un problème : Montréal, étant l'un des principaux marchés pour les médias, était perçu comme la « cour des grands » et je sortais à peine de l'école. J'ai téléphoné et envoyé mon curriculum vitae à tous les studios de télévision et de production de la ville, mais personne ne m'a rappelée.

C'est alors que j'ai conçu un plan audacieux. J'irais à Montréal en personne et me ferais passer pour une productrice se préparant à enregistrer une émission de télévision et souhaitant soumettre un script à l'examen d'un réalisateur. Au moins, cela m'ouvrirait la porte. *Qu'avais-je à perdre ?*

J'ai pris rendez-vous avec plusieurs réalisateurs et, à mon arrivée, je leur ai présenté mon curriculum vitae à la place du script. La plupart du temps, on m'a montré la porte mais, finalement, mon audace – ou mon désespoir – a été récompensée. Un des réalisateurs que j'avais berné a éclaté de rire et a dit : « Eh bien, ma fille, j'aime ton culot. Je t'embauche. »

Et voilà, j'étais à Montréal ! J'ai loué un joli petit appartement situé, à mon insu, dans le « Village gai » mais j'ai été transportée par l'énergie et le charme insolite du quartier. Bien qu'engagée pour un contrat à court terme, j'étais certaine que je travaillerais bientôt à plein temps sur la production de documentaires importants et qu'un jour, j'écrirais et mettrais en scène mes propres scripts. J'avais de brillantes perspectives et un avenir prometteur… jusqu'à ce que je commence à travailler. Quelle expérience lamentable ! Le travail était monotone et les gens sans enthousiasme. Le point culminant de ma journée consistait à aller chercher du café pour les dirigeants qui ne se souciaient que de gagner le plus d'argent possible, et du restaurant où ils allaient manger à midi. Il n'y avait aucune passion, et personne ne souhaitait partager des idées ou discuter de spiritualité ou de ce qui se passait dans le monde. La même ambiance régnait aussi hors du travail. La ville et les gens que je rencontrais me semblaient artificiels et matérialistes. Je ne parvenais pas à créer des liens avec qui que ce soit, et j'ai vite ressenti un sentiment familier de vide et de déception, et l'impression que je n'étais pas à ma place, ni là, ni ailleurs.

Je me sentais déracinée et seule et, pendant les dix-huit mois qui ont suivi, j'ai continué à me sentir perdue à Montréal, la ville où j'avais tant rêvé de vivre.

Une chose était certaine : je n'avais pas encore trouvé ce que je cherchais.

5

Paris, Ville-Lumière et cité de l'espoir

APRÈS UN AN ET demi à Montréal à passer d'un travail insignifiant à l'autre, j'en avais assez. J'avais besoin d'un changement majeur, et vite.

Une chance s'est présentée quand mon amie Micheline et son petit ami français Lionel, qui partageaient mon appartement, ont suggéré que nous partions tous les trois faire de la randonnée en Europe pendant l'été.

« Je connais beaucoup de gens qui pourraient nous accueillir en Belgique, en Norvège et en Suède, a ajouté Lionel. Nous pouvons trouver des petits boulots pour payer nos dépenses. Nous allons bien nous amuser ! »

Même si je voulais m'amuser, ce n'était pas la seule chose que je recherchais. Je désirais intensément trouver un but et donner un sens à ma vie et, qui sait, ce « but » m'attendait peut-être en Europe. J'ai dit à Micheline et Lionel qu'ils pouvaient compter sur moi. Ils étaient loin de se douter que j'avais bien plus en tête qu'une simple escapade estivale. Je partais à la recherche de ma spiritualité, ce qui me prendrait beaucoup plus que trois mois. Il me faudrait rester en Europe pendant au moins un an et, si je trouvais ce que je cherchais, peut-être pour toujours. Micheline et Lionel ont pris des billets aller-retour, mais j'ai vendu tous mes meubles et appareils ménagers et j'ai acheté un aller simple pour Paris, au grand désespoir de mon père.

Papa ne pouvait pas comprendre pourquoi sa fille de 22 ans abandonnait la stabilité pour une randonnée sac au dos tout à fait déraisonnable à travers l'Europe. Il avait été si fier de moi quand j'étais sortie diplômée du cégep et que j'avais commencé ma carrière. Maintenant il pensait que je renonçais à tout cela pour une vie de bohème. C'est l'une des rares fois où il a été déçu. Il n'avait jamais su exprimer ses émotions verbalement et a refusé de me parler au téléphone quand je me préparais à partir.

Maman était inquiète, elle aussi, mais plus compréhensive. Elle avait énormément de sagesse et savait, sans que j'aie besoin de le lui dire, que je cherchais quelque chose de fondamental pour ma tranquillité d'esprit.

« Sois heureuse, ma belle fille, a-t-elle dit. Fais ce que tu penses être bon pour toi, mais surtout sois heureuse. »

Mimi, ma sœur protectrice comme toujours, a fait valoir mon cas auprès de Papa, mais il ne prévoyait que des difficultés et des malheurs. Il était tellement bouleversé qu'il n'a pas pu se résoudre à m'accompagner à l'aéroport pour me dire au revoir.

J'étais désolée de faire de la peine à mon père; il avait passé sa vie à travailler dur et à se sacrifier pour sa famille. Tout ce qu'il voulait, c'était notre bonheur. Il était dans mon cœur quand j'ai embarqué dans l'avion et j'ai pensé à lui pendant les sept heures qu'a duré le vol. Je savais la difficulté qu'il avait à lire et à écrire parce qu'il avait quitté l'école pour soutenir ses dix frères et sœurs après la mort de sa mère. Je me souvenais de la maisonnette qu'il avait construite pour moi et qui m'avait donné tant de bonheur. Et je me rappelais des petites farces auxquelles il avait recours pour tenter de me remonter le moral à l'adolescence, comme m'attacher le gros orteil à la poignée de la porte de ma chambre si je refusais de sortir du lit, et tirer dessus jusqu'à ce que je sois obligée de me lever et d'affronter la journée. Il ne m'avait jamais déçue, et je m'en voulais de ce que je venais de lui faire.

Lorsque Mimi et son mari, Normand, m'ont déposée à l'aéroport, ils pouvaient voir que je souffrais. Normand m'a serrée fort dans ses bras, et Mimi, mon bon ange, a promis d'arranger les choses entre Papa et moi.

« Ne t'en fais pas, Guylaine, fais le plus beau voyage possible. Nous parlerons à Papa et nous lui ferons comprendre, on te le promet. »

À mon arrivée en France, la situation avec mon père me semblait moins désespérée, et j'étais impatiente de me mettre en quête de ma destinée.

Je suis tombée amoureuse de Paris dès l'instant où nous avons atterri à l'aéroport Charles-de-Gaulle; quand je suis descendue de l'avion, je suis tombée à genoux et j'ai embrassé le sol, comme le Pape ! J'ai hissé l'énorme sac à dos de mon frère André sur mes épaules, je suis montée dans un autobus avec Lionel et Micheline et nous sommes partis découvrir la Ville-Lumière.

Nous logions chez la maman de Lionel, un petit bout de femme plein de douceur, qui vivait à Maisons-Alfort, modeste banlieue à neuf kilomètres du centre-ville. Nous avons passé les deux semaines suivantes à faire une visite éclair de la ville, déambulant sur les Champs-Élysées, passant sous l'Arc de Triomphe, nous promenant sur la rive gauche de la Seine, écoutant les musiciens de rue et visitant la cathédrale Notre-Dame, émerveillés par sa beauté intemporelle.

Les Parisiens ne comprenaient pas mon accent québécois et riaient quand je commandais un café ou que j'achetais un billet de train, mais je ne m'en souciais pas. J'adorais être à Paris. La culture française m'enivrait totalement; le simple fait de respirer l'air me stimulait, et la nourriture était plus exquise que je n'aurais jamais pu l'imaginer. Je peux encore savourer le goût du pain, du fromage et des pâtisseries que je dégustais dans les cafés qui agrémentaient toutes les rues.

Nous avons pris le train de Paris vers la Belgique où, curieusement, je me suis sentie chez moi. Les moulins à vent, les rues pavées et les rideaux de dentelle à chaque fenêtre avaient quelque chose de réconfortant et de familier. J'ai eu un même sentiment de déjà-vu en arrivant en Allemagne mais, cette fois, j'étais très mal à l'aise. Lorsque nous sommes passés à la douane et avons été interrogés par des agents armés, j'ai été prise de sueurs froides et de tremblements. J'avais lu quelques écrits sur la réincarnation au cégep quand je m'étais renseignée sur les croyances rosicruciennes – et j'en apprendrais davantage à ce sujet lorsque je découvrirais la chirologie, bien plus tard – mais, à l'époque, je n'aurais jamais pensé à relier les vies antérieures aux émotions que je vivais en Belgique et en Allemagne.

Pendant les trois mois qui ont suivi, nous avons parcouru le Danemark, ramassé des fraises en Suède et suivi la route des Vikings à travers la Norvège, avec ses falaises éblouissantes, ses fjords étincelants et ses interminables chaînes de montagnes enneigées. Par rapport à la monotonie de ma vie à Montréal, mes jours paraissaient multicolores et en trois dimensions. Valleyfield semblait être à des années-lumière de là. C'était un cadre très romantique, et Micheline et Lionel passaient beaucoup de temps seuls, ce qui me faisait réfléchir à l'amour et à l'absence de relation amoureuse dans ma vie. Le vide que je portais en moi depuis l'adolescence était masqué par l'excitation et l'activité des derniers mois, mais je ne l'avais pas oublié, pas plus que ma raison d'aller en Europe. À la fin de l'été, je suis rentrée à Paris pour commencer à bâtir ma nouvelle vie.

J'ai emménagé avec la mère de Lionel. Comme elle était veuve et vivait seule avec sa chatte, elle m'a accueillie à bras ouverts. Elle habitait dans un appartement sous-équipé au troisième étage d'un immeuble délabré, sans baignoire ni douche, mais le loyer était abordable.

J'ai pris l'habitude de m'asseoir au café du coin, tous les matins à 7 h, et de regarder les offres d'emploi en buvant un expresso. Ce n'est qu'après des semaines que j'ai enfin vu une annonce dans mon domaine, émise par une société de production vidéo et de publicité appelée Vidéo-France. Ils avaient besoin d'une hôtesse pour travailler au Festival de Cannes.

Que rêver de mieux ? Un travail sur la Côte d'Azur, à interviewer les acteurs et réalisateurs sur leurs derniers films, lors d'une des plus prestigieuses cérémonies de remise de prix du monde !

J'ai pris rendez-vous et je suis arrivée à Vidéo-France dans ma meilleure tenue, mon curriculum vitae à la main. C'était un bâtiment moderne de deux étages avec un escalier dont l'élégante spirale reliait le hall d'entrée aux bureaux de la direction à l'étage supérieur. Bourdonnant d'activités, le bureau ressemblait à une fourmilière. Armés de scripts, les producteurs s'affairaient et organisaient les équipes qui partaient en tournage. C'était la même atmosphère de travail intense dont j'avais l'habitude à Montréal. J'étais en territoire connu et mon instinct me disait que ce travail était pour moi.

On m'a accompagnée en haut de l'escalier en spirale et présentée au patron : on aurait dit une star de cinéma à la retraite dans sa chemise rose vif et son fabuleux costume blanc. Il a parcouru mon curriculum vitae et a souri : « Vous êtes canadienne, c'est bien ! Nous avons besoin de quelqu'un qui parle anglais... Vous parlez bien anglais, non ? »

Mon anglais, qui était pratiquement inexistant, se limitait à quelques mots et expressions. Mais je croisais les doigts : j'en savais sûrement plus que lui.

« Oui, je parle anglais. »

« Très bien, vous êtes embauchée. Mais, voilà, je ne vais pas vous envoyer à Cannes parce que j'ai besoin de vous ici, comme technicienne du son. »

Avant que je puisse répliquer, il m'a fait visiter leur immense studio d'enregistrement, à la pointe de la technologie. Mon estomac s'est serré quand j'ai découvert les longues rangées de boutons, cadrans et leviers. Ma seule expérience comme technicienne du son consistait à tenir un micro.

« Connaissez-vous cet équipement, Guylaine ? », a-t-il demandé.

Que pouvais-je dire ? Je voulais rester à Paris et j'avais besoin de l'emploi.

« Bien sûr que je sais comment l'utiliser ! »

« Parfait, vous commencez demain. »

Le lendemain matin, j'étais assise devant la console d'enregistrement, n'ayant aucune idée de son fonctionnement. J'ai fermé les yeux et mis le doigt sur le plus gros interrupteur, espérant allumer quelque chose sans rien effacer. J'allais tout juste l'actionner quand le patron est entré.

« Bonjour, Guylaine… Vous êtes prête ? »

Avant que je puisse répondre, un assistant a fait irruption dans le studio.

« Nous avons une urgence ! La monteuse vidéo est malade et le projet sur lequel elle travaille doit être terminé aujourd'hui ! »

Le patron s'est tourné vers moi : « Vous vous y connaissez en montage vidéo ? »

« Absolument ! », ai-je répondu en toute confiance. Le montage vidéo avait été ma spécialité à l'école et j'étais une excellente monteuse. Dix minutes plus tard, j'étais assise derrière la console vidéo à travailler en vraie professionnelle. J'étais certaine que Dieu, ou quelqu'un « là-haut », veillait sur moi.

Mon travail était stimulant et agréable. Je combinais les faits saillants d'événements sportifs de toute la France pour en faire des vidéos qui étaient ensuite envoyées aux ambassades françaises dans le monde entier. J'éprouvais un sentiment de satisfaction chaque fois que mon travail était envoyé à l'ambassadeur au Québec.

J'aidais également à tourner des vidéos publicitaires. L'une d'elles montrait une soirée chic et faisait la promotion des arachides Planters. J'étais chargée de m'assurer que les acteurs – y compris moi puisque je représentais l'entreprise – étaient extrêmement bien habillés. Munie d'un budget exorbitant, j'avais passé des heures à choisir des robes de cocktail dans les boutiques les plus luxueuses de Paris. Vêtue à la dernière mode, j'ai porté ce soir-là ma première (et dernière) paire de souliers à talons hauts : ils étaient atrocement inconfortables ! J'avais même osé me faire de nouveau couper les cheveux courts, en ayant cette fois recours à un salon professionnel européen. La styliste m'avait fait une coupe garçonne asymétrique très seyante et je n'avais versé aucune larme cette fois.

Ma soi-disant aptitude à parler couramment l'anglais est revenue me hanter lors d'une panne du système d'enregistrement. Pour le réparer, mon patron avait fait appel à un technicien de Londres qui devait arriver par avion le lendemain. Il aurait donc besoin de moi pour lui servir d'interprète. Je me suis empressée d'acheter un dictionnaire de poche anglais-français, et j'ai passé la nuit à essayer en vain d'apprendre une nouvelle langue. Le lendemain, je me suis présentée au bureau, prête à avouer mon mensonge et à admettre que je n'étais pas bilingue, mais j'ai décidé d'utiliser tout l'anglais que je connaissais avant de remettre ma démission. Lorsque le technicien est entré, je l'ai salué à l'aide d'une des quelques phrases que je connaissais :

« How are you today ? »

« Ça va bien, merci ! » Il parlait français ! Je sentais que quelqu'un là-haut veillait sur moi et me protégeait, tout comme des années auparavant, quand je regardais les étoiles dans le ciel à la recherche de quelque chose de plus grand que moi.

Je travaillais dur et passais de longues heures au bureau, offrant même de travailler le samedi. Le dimanche m'appartenait ; je le réservais à l'exploration de la ville. Je marchais partout dans Paris, vivant ainsi des siècles d'histoire. Je passais des journées entières dans les mausolées ornés du Cimetière du Père Lachaise où reposaient des génies créateurs comme Chopin, Molière, La Fontaine, Balzac, Proust, Seurat, Oscar Wilde et Édith Piaf. J'étais émerveillée par les chefs-d'œuvre du Louvre, Versailles, le château de Marie-Antoinette, et l'imposant tombeau de Napoléon au Musée de la guerre.

Paris avait tellement à offrir, tant de culture et de beauté à savourer et j'aurais voulu partager ce plaisir avec quelqu'un. Mais je ne rencontrais personne capable de m'inspirer une relation amoureuse, et personne ne semblait s'intéresser à moi. Après mes sorties stimulantes du dimanche, je revenais à mon appartement morne et peu accueillant et je trouvais la mère de Lionel déjà endormie. Elle était gentille, me laissant toujours des restes à réchauffer dans le four, et j'ai passé de nombreuses soirées dans la Ville-Lumière, à manger seule à la table de cuisine éclairée faiblement par une ampoule nue.

Pendant mon séjour à Paris, je me suis découvert une fascination pour la Seconde Guerre mondiale et, chaque fois que je rencontrais quelqu'un qui avait vécu à Paris à cette époque, je lui demandais de me parler de ses expériences. Ces histoires étaient aussi vivantes qu'elles étaient douloureuses et, depuis mon expérience effrayante à la frontière germano-belge, j'étais intimement persuadée que j'avais, d'une manière ou d'une autre, partagé ce traumatisme. Je me demandais combien de vies nous avions vécues à parcourir ce monde, et pourquoi ? Quel était le but de souffrir d'une vie à l'autre, d'endurer la guerre, la perte et le chagrin ? Où cela nous menait-il à la fin, et quelle était la fin ? Je ne savais pas alors que les réponses à ces questions, je les tenais dans la main.

Tous les trois mois, je devais passer le week-end en Espagne ou en Suisse afin de faire estampiller mon passeport, renouvelant ainsi mon statut de visiteur parce que Vidéo-France avait accepté de m'engager sans visa de travail français. Je gagnais beaucoup d'argent, mais je logeais toujours chez la maman de Lionel afin d'économiser. Tous les soirs, sa chatte blonde attendait mon retour du travail, surveillant la rue depuis le rebord de la fenêtre du troisième étage et veillant à ce qu'il ne m'arrive rien.

Mais un soir, il est arrivé quelque chose. J'avais quitté le travail à la nuit tombée et, quand je suis descendue du train à proximité de la maison, trois hommes m'ont entourée, m'ont poussée contre un mur et ont sorti des couteaux. J'étais à deux doigts de me faire égorger quand l'un d'eux a mis fin à l'attaque.

« Attend, elle habite par ici… On va pas la toucher », a-t-il dit, et ils sont partis.

Encore une fois, j'ai été absolument persuadée que j'étais protégée par une présence divine. Mais l'agression m'avait ébranlée et m'avait rappelée à quel point j'étais seule. *À quoi ma vie se serait-elle réduite si on m'avait retrouvée morte sur le sol crasseux d'une gare en périphérie de Paris ?*

En surface, j'avais tout pour être heureuse : j'étais jeune, je portais des vêtements chics, j'avais un travail passionnant et bien rémunéré et je vivais dans la ville la plus romantique du monde. Mais je m'étais mise en quête de trouver un sens à ma vie et, après plus d'un an à Paris, le vide familier se faisait encore sentir au fond de moi. Il ne m'avait jamais quittée. J'avais seulement réussi à l'enterrer sous un mirage.

Alors, quand le patron m'a appelée dans son bureau pour m'annoncer la faillite et la fermeture de la société, j'ai été heureuse de rentrer au Canada. J'ai acheté un billet d'avion, emballé mes nouveaux vêtements parisiens, dissimulé dans mes chaussures les 2 000 dollars que j'avais économisés et pris la direction de l'aéroport Charles-de-Gaulle.

Après quinze mois en Europe, je revenais chez moi, pleine d'expériences et de connaissances, mais aussi perdue que jamais et toujours en quête de mon but dans la vie et de ma véritable destinée.

6

L'homme aux pantoufles

À MON RETOUR À MONTRÉAL, j'ai décroché un emploi en tant que scénariste de télévision et loué un loft dans le Carré St-Louis, quartier bohème rempli d'artistes dans une ambiance qui me rappelait Paris. Mon emploi était rémunérateur et me tenait occupée mais, à part quelques moments occasionnels d'effervescence, ma vie était encore vide et stérile. Je faisais de longues promenades en soirée et, levant les yeux vers la brillante Vénus, je parlais à Dieu.

« Aide-moi à trouver quelque chose qui donne un sens à ma vie… Je me sens perdue. Je ne me soucie pas de l'argent ou de la gloire. J'ai besoin d'une mission. »

Quand l'élève est prêt, le maître apparaît, assure le dicton. À l'âge de 24 ans, j'étais enfin prête.

Six mois après mon retour de Paris, des amies de Valleyfield sont venues me rendre visite. Nous parlions d'emplois et de carrières, quand l'une des filles a mentionné que sa sœur avait travaillé à Montréal pour un chirologue originaire de l'Inde nommé Ghanshyam Singh Birla.

Il y a eu un déclic en moi. Je n'avais jamais entendu ce nom auparavant, mais je savais que je devais rencontrer cette personne. Je n'étais pas particulièrement fascinée par la chirologie, pas plus que je croyais qu'on pouvait prédire mon avenir en regardant dans une boule de cristal. J'étais allée voir un chiromancien quand j'étudiais à Jonquière, au début de ma quête spirituelle. L'homme m'a demandé 30 $ (une fortune à l'époque), m'a fait asseoir dans son « bureau » à côté de l'évier de cuisine de son appartement, et a vaguement regardé mes mains pendant deux minutes.

« Vous avez de belles jambes de danseuse; vous allez arrêter l'école et vous aurez des jumeaux. »

J'étais ulcérée. J'aimais l'école et je n'aurais jamais abandonné à mi-chemin. Et, à l'adolescence, j'avais gardé suffisamment d'enfants pour savoir que, même si j'adorais les bébés, la maternité n'était pas pour moi. Et le fait d'avoir observé mes jambes manquait totalement de professionnalisme ! L'homme était un escroc, et cette expérience m'avait complètement dégoûtée de la chirologie.

Ce n'était donc pas la profession, mais le nom de Ghanshyam qui avait résonné en moi. Mon intuition me disait que cet homme pouvait m'aider à trouver ma voie.

J'ai appelé son bureau le lendemain pour prendre rendez-vous, et j'ai été déçue de devoir attendre encore un mois et demi. Apparemment, il était très populaire. Je ne pouvais pas obtenir un rendez-vous avant l'après-midi du 4 mai. J'ai accepté la date proposée, mais j'ai rappelé presque tous les jours dans l'espoir qu'il y ait une annulation (il n'y en a pas eu). Je ne savais rien de l'astrologie à l'époque, mais j'apprendrais bientôt que, selon mon thème astrologique, le 4 mai 1984 était une journée particulièrement favorable pour ma rencontre avec Ghanshyam, un jour qui valait la peine d'attendre.

Le matin de mon rendez-vous, je me suis réveillée plus impatiente et plus enthousiaste que je l'avais été depuis des mois.

Serait-ce le jour où je découvrirais enfin ce que je cherchais ?

J'ai revêtu mes vêtements parisiens les plus colorés, y compris un pantalon en cuir bleu électrique qui allait si bien avec ma coupe garçonne décolorée. Le tout était couronné par un sac transparent avec un énorme poisson en plastique à l'intérieur : une pièce unique de Paris !

Le Centre de Chirologie était dans le quartier Westmount de Montréal et, pendant le long trajet en autobus de la ligne 24, j'ai songé à des questions à poser au chirologue, questions que j'ai immédiatement oubliées quand je suis arrivée au 351, avenue Victoria et que j'ai vu l'enseigne : *Centre de Hast Jyotish Birla*.

Lorsque j'ai ouvert la porte, un doux carillon de chants d'oiseaux m'a accueillie puis accompagnée à la réception en haut de l'escalier, qui embaumait l'arôme apaisant de l'encens. C'était comme si je venais de monter au ciel.

Une femme aux longs cheveux noirs, nommée Lydia, est venue me chercher et m'a conduite à un évier. À l'aide d'un petit rouleau en caoutchouc, elle m'a recouvert les mains d'encre noire. Elle a ensuite appuyé chacune de mes mains sur une feuille de papier blanc. Et soudain elles sont apparues : mes empreintes ! Comment pouvais-je savoir que je découvrais mes deux nouvelles meilleures amies ? Des amies qui détenaient les secrets de mon passé, recelaient la voie de mon avenir et renfermaient la clé permettant d'accéder aux deux. La première fois que j'ai vu mes empreintes, j'ai trouvé mes doigts tordus et mes mains énormes. Je me sentais un peu vulnérable, sachant que mes mains – et tout ce qu'elles pourraient révéler sur moi – seraient bientôt scrutées par les yeux d'un expert.

Ça y est, c'est le moment de vérité.

J'ai nettoyé mes mains et je me suis assise pour attendre ma consultation. Quelques minutes plus tard, Ghanshyam est entré dans la pièce. J'ai été frappée par son air digne dans son costume beige de style Nehru et… ses pantoufles ! J'étais étonnée que quelqu'un puisse se sentir suffisamment à l'aise pour porter des pantoufles au travail. Il avait une fine moustache noire et des yeux bruns et pénétrants qui se sont mis à briller comme des bougies d'anniversaire tandis qu'il m'enveloppait d'un sourire chaleureux.

Mon Dieu ! Il est encore plus beau qu'avant, pensais-je, secouée par une puissante vague de déjà-vu. Guylaine, ne sois pas stupide ! C'est la première fois que tu le rencontres !

« Bonjour, bonjour, je suis tellement heureux de vous rencontrer ! », a déclaré Ghanshyam avec son accent aux rythmes de l'Inde. Il a pris mes mains dans les siennes et les a serrées avec une affection tellement authentique, que j'avais l'impression de retrouver un vieil ami. Il rayonnait d'une gentillesse et d'une bonté sans égales qui m'ont immédiatement mise à l'aise.

« Venez avec moi, s'il vous plaît, ma chère. »

Je l'ai suivi dans son bureau, où se dressait une armoire remplie de livres sur la chirologie et l'astrologie; beaucoup d'entre eux, qui semblaient avoir été lus et relus, affichaient des titres dans des langues que je ne reconnaissais pas. Le grand portrait d'un homme indien en tunique orange dominait le bureau de Ghanshyam. Le visage de l'homme était serein et ses yeux étaient mi-clos, comme en transe. Ses bras levés, paumes ouvertes, semblaient me bénir au moment où je me suis assise.

Comme Ghanshyam ne parlait pas français et que mon anglais se limitait à : « How are you today ? », une interprète s'est jointe à nous pour la consultation. Elle m'a informée que Ghanshyam pratiquait la chirologie védique, forme de chirologie indienne traditionnelle qui vient des anciens textes sacrés hindous appelés les Védas.

Ghanshyam a placé mes empreintes sur le bureau, à côté de mon thème astrologique qu'il avait préparé avant mon arrivée. J'ignorais que l'astrologie était liée à la chirologie, mais j'ai appris que ce sont des sciences jumelles et que *Hast Jyotish* est une expression combinant deux mots sanskrits : *Hast*, qui signifie main, et *Jyotish*, qui signifie lumière. Donc *Hast Jyotish* décrit la lumière de nos planètes qui se reflète dans nos mains.

Après avoir étudié mon thème et gribouillé toutes sortes de notes et de signes sur mes empreintes, en utilisant différentes couleurs, Ghanshyam a levé le regard vers moi; ses yeux bruns brillaient d'une telle intensité que je sentais qu'ils plongeaient dans mon âme.

« Alors, on commence ? » Il avait le ton d'un médecin compatissant qui vient d'examiner les radiographies d'un patient et doit annoncer à la fois les bonnes et les mauvaises nouvelles.

« Vous êtes à la recherche de Dieu et cette quête dure déjà depuis longtemps, a-t-il déclaré, mais vous n'avez pas encore fait de lien spirituel. Vous êtes malheureuse parce que vous êtes coincée et vous ne savez pas où aller, ce qui fait que vous vous sentez perdue et seule. Vous n'arrivez pas à décider quoi faire, et votre vie n'a pas de sens ni d'objectif. Êtes-vous d'accord avec ce que je dis ? »

J'étais trop sidérée pour parler. Il savait exactement ce que je ressentais depuis dix ans, comme s'il m'avait connue toute ma vie. J'ai hoché la tête.

Il s'est ensuite concentré sur mes empreintes et a commencé à pointer son stylo sur différentes lignes.

« Vous voyez ici, votre ligne de destinée est fragmentée, votre ligne du Soleil est à peine visible, votre pouce est trop proche de votre doigt de Jupiter, et juste au-dessous… votre mont de Jupiter est faible et votre Vénus manque d'équilibre. »

J'étais déconcertée par tous ces détails, ne comprenant pas un traitre mot des aspects techniques de la chirologie. Je ne savais pas encore que nous avons tous une main dominante (celle avec laquelle nous écrivons) qui révèle notre vie actuelle, et une main non dominante qui montre notre vie passée, ni que la façon dont nous tenons le pouce indique notre degré de volonté et de confiance en nous. Le débit des données était vertigineux, mais quand Ghanshyam a terminé sa première analyse, ses conclusions étaient cruellement exactes.

« Vous avez 12 faiblesses qui vous bloquent. Elles nuisent à votre épanouissement spirituel et rendent votre destinée incertaine. Comme vous êtes mal à l'aise dans le monde, vous vous refermez sur vous-même et ça vous rend malheureuse. »

Puis, il a rapidement écrit dix de ces faiblesses sur la feuille, dans l'espace entre mes deux empreintes.
- Manque de décision
- Manque de volonté
- Manque d'orientation
- Manque de discipline
- Manque de motivation
- Manque d'inspiration

- Manque de ténacité
- Manque de méditation
- Manque d'exercice
- Manque de travail intellectuel ou spirituel qui pourrait vous donner l'espoir, la confiance, la foi et un sentiment d'identité.

Il a hésité un moment puis, en haut de la page, il a ajouté celles qui, d'après lui, étaient mes principales faiblesses : manque de conviction et manque de confiance en soi.

« Vous avez une bonne ligne de tête, une grande intelligence. Je suis sûr que vous allez réussir dans votre carrière. Mais, a-t-il ajouté en secouant la tête, vous continuerez probablement à ressentir le même vide. »

Il a tapé avec son stylo sur l'empreinte au centre de ma paume gauche.

« Votre ligne de destinée suggère que vous pourriez trouver ce qui vous rendra heureuse, mais pas avant le début de la quarantaine. »

Oh mon Dieu, je dois vivre comme ça pendant encore 20 ans ? Je n'osais pas imaginer le désespoir de vivre malheureuse aussi longtemps.

Les larmes roulaient le long de mes joues. Ghanshyam, qui avait été très calme et respectueux pendant la consultation, m'a tendu une boîte de papiers mouchoirs.

« Ne vous inquiétez pas, les lignes de nos mains ne sont pas gravées dans la pierre. Ce n'est pas de la divination. Nos paumes nous montrent ce que nous devons changer dans notre vie pour trouver le bonheur. Lorsque nous apportons ces changements, les lignes de nos mains changent elles aussi. La véritable chirologie ne vise pas la prédiction, mais la prévention et l'épanouissement ! », m'a-t-il assuré avec le même sourire que lorsqu'il m'avait accueillie.

« Mais j'ai une question pour vous, Guylaine : voulez-vous changer ou voulez-vous rester la même ? »

« *Je veux changer, Ghanshyam* », ai-je dit en sanglotant.

« Parfait ! Eh bien, vous allez *effectivement* changer !, a-t-il annoncé joyeusement, ouvrant les bras et éclatant d'un rire sonore. Ça fait toute la différence ! »

Il a de nouveau fixé son regard sur moi, perdu dans ses pensées pendant quelques instants. Puis il a repris son stylo et a écrit « 12 MONTHS » (12 mois) sur la feuille, au-dessus de mes empreintes.

« *Vous avez une mission dans la vie; vous allez être au service de nombreuses personnes.* Mais votre mission ne commencera pas avant un an, pas avant que vous soyez prête. »

Mon cœur battait tellement fort que tout ce que j'ai pu entendre pendant quelques secondes était un battement sourd dans les oreilles. Et puis j'ai saisi le sens de ses paroles comme un écho :

Vous aurez une mission dans la vie; vous allez être au service de nombreuses personnes.

Les paroles de Ghanshyam étaient un baume sur mon âme en peine.

Il a suggéré des mesures que je pourrais prendre pour « m'ouvrir » et me préparer à ce que la vie me réservait. Il a expliqué que certains gemmes et métaux remédiaient aux déséquilibres du système énergétique du corps et favorisaient la croissance spirituelle. Il m'a donné une liste des pierres précieuses à acheter et m'a conseillé de lire *Autobiographie d'un Yogi*, de Paramahansa Yogananda. Ghanshyam a pointé vers l'image de l'homme en tunique orange au-dessus de son bureau, qui semblait veiller sur moi depuis mon arrivée dans la pièce.

« Le livre de Paramahansa pourrait beaucoup vous aider », a déclaré Ghanshyam, puis il a recommandé que je revienne toutes les deux semaines pour cinq consultations.

« Nous allons concevoir ensemble un programme qui vous aidera à rehausser votre confiance en vous et à apporter les changements dont vous avez besoin pour trouver la joie du cœur et la paix de l'esprit. Et puis vous verrez, Guylaine, vous allez attirer l'amitié, la confiance et l'amour dans votre vie ! Qu'en pensez-vous ! »

Ghanshyam avait plongé au plus profond de mon cœur pendant l'heure qu'avait duré la consultation et, quand il est venu vers moi pour me serrer très fort dans ses bras, ce que j'en viendrais à adorer, je voulais me glisser dans ses pantoufles.

« Ne vous inquiétez pas, tout ira bien », a-t-il promis.

Cet homme que je n'avais jamais rencontré auparavant, qui était venu d'un autre continent et d'une culture différente, m'avait profondément touchée comme jamais personne n'avait pu le faire.

J'étais certaine que ma vie était sur le point de changer et, quand j'ai quitté son bureau, j'ai ressenti quelque chose que je n'avais pas éprouvé depuis longtemps : j'étais heureuse.

7

Ma véritable vocation

*M*A RENCONTRE AVEC GHANSHYAM m'ayant convaincue que je pouvais améliorer ma vie, je voulais que ce changement commence immédiatement.

Avant de quitter le Centre de Chirologie, j'ai réservé cinq autres consultations, j'ai commandé les gemmes prescrites par Ghanshyam et je me suis précipitée à la librairie la plus proche pour me procurer un exemplaire d'*Autobiographie d'un Yogi* de Paramahansa Yogananda, le livre qui devait m'aider.

Le libraire m'a dit qu'il n'avait en stock que la version anglaise – que, bien sûr, je ne pouvais pas lire – et a offert de me commander une version française. Mais j'étais déterminée à obtenir ce livre *le jour même*. J'ai cherché moi-même sur les étagères et trouvé un exemplaire… en français ! Du coup, j'ai fait une petite danse devant le comptoir.

« Eh bien, ça alors !, s'est exclamé le libraire en riant. Il devait vous attendre. Je n'ai jamais vu une personne aussi contente d'acheter un livre. »

J'ai commencé à lire dès mon retour et je n'ai plus pu m'en passer. *Autobiographie d'un Yogi* est justement le récit d'une quête spirituelle ! La beauté, la sincérité, la pureté et l'humour des paroles de Paramahansa m'ont emportée dans un monde complètement nouveau qui ne m'a plus lâchée. Il est né en Inde dans les années 1800 et, dès sa naissance, il a recherché Dieu et il s'est efforcé de devenir une meilleure personne et de remplir sa mission dans la vie. Je me suis régalée à découvrir la culture indienne et la philosophie védique, et le récit lui-même était une aventure spirituelle tellement palpitante que j'oubliais parfois que c'était une histoire authentique. Et la vérité que partageait Paramahansa me parlait directement : Dieu réside en chacun de nous, et nous pouvons le rencontrer et lui parler en élevant notre conscience.

Il y avait tant à apprendre dans ce livre que je savais que je le relirais plusieurs fois au fil des ans, ce que j'ai d'ailleurs fait. Mais ma première lecture était spéciale. C'est celle qui m'a présenté le Kriya Yoga, une méthode de méditation qui aide à accélérer le contact avec Dieu. Au début des années 1920, Paramahansa est arrivé en Amérique et a créé la Self-Realization Fellowship (SRF), qu'on peut traduire par « société de la réalisation du soi », à Los Angeles pour enseigner le Kriya et partager sa sagesse avec le monde occidental. *Un jour, je visiterai cet endroit et j'apprendrai le Kriya.*

Il m'a fallu deux semaines pour terminer le livre, juste à temps pour mon deuxième rendez-vous avec Ghanshyam. Il m'a de nouveau accueillie chaleureusement et s'est montré content que j'aie lu *Autobiographie*. Il était lui-même un adepte de Paramahansa et du Kriya Yoga.

Au cours de nos premières consultations, Ghanshyam m'a enseigné quelques éléments de base de la chirologie.

Il a expliqué que nos trois niveaux de conscience – le conscient, le subconscient et le supraconscient – se retrouvent dans chaque partie de la main, qu'il s'agisse des doigts, des lignes majeures et mineures qui sillonnent la paume ou des coussinets de chair qu'on appelle les « monts ».

C'était une bonne chose que j'aie décidé de devenir droitière à l'école, m'a-t-il révélé, parce que la ligne de tête de ma main gauche était plus courte.

« Ta main droite est ta main dominante, et elle représente ta vie en ce moment, mais ce n'est que la pointe de l'iceberg. Les neuf dixièmes à l'origine de ta personnalité se trouvent dans ta main gauche. Ta main gauche est une fenêtre qui donne sur ton subconscient et sur ton passé (et sur les vies passées, comme je le découvrirais plus tard !). La ligne de tête de ta main gauche révèle comment tu as pris l'habitude de percevoir le monde autour de toi. Maintenant, regarde ici », a-t-il dit, en prenant ma main gauche et en y traçant de son doigt ma ligne de tête.

« Tu vois comme elle est courte ? Elle nous dit que tu te sentais si craintive et si inquiète de l'opinion des gens que tu n'as pas pu acquérir de confiance en toi. Si nous ne réparons pas cette ligne, tu pourrais inconsciemment porter un gros sac de doutes et d'angoisse autour du cou pour le reste de ta vie. Ce n'est pas ce que tu veux, n'est-ce pas ? »

Sur la recommandation de Ghanshyam, j'ai commencé à porter un pendentif de corail et de grenat pour aider à bâtir ma conviction et ma confiance en moi. Il avait étudié la gemmologie et avait même écrit un livre à ce sujet. Comme il le disait, les gemmes et les métaux précieux sont utilisés depuis des millénaires en Inde pour revitaliser la santé physique et spirituelle. Le grenat et le corail correspondaient au Soleil et à Mars, deux planètes « chaudes » qui me stimuleraient. J'ai aussi commencé à porter une belle bague à « neuf gemmes » (représentant toutes les planètes) pour me rendre plus réceptive à l'énergie positive autour de moi.

Tout au long de mes consultations avec Ghanshyam, nous avons plongé plus profondément dans le monde de la chirologie. Parfois, il me semblait un peu ésotérique et plutôt excentrique. Comme le jour où Ghanshyam a essayé de m'enseigner le système électrique du corps et les sept chakras ou « centres d'énergie » situés le long de notre colonne vertébrale.

« C'est un peu comme un entrelacement de 'fils' enroulés autour de la colonne vertébrale qui transportent des courants électriques d'énergie masculine et féminine. Nous devons faire circuler cette énergie électrique en toi, Guylaine. Nous devons te recharger ! »

J'ai souri et hoché la tête en pensant : *C'est quoi ce discours sur le courant électrique ? Si je voulais une leçon d'électricité, je téléphonerais à mon frère Réjean qui est électricien ! Et puis ces rencontres ne sont pas gratuites !*

Je suis sûre que Ghanshyam a senti mon scepticisme mais, en merveilleux professeur qu'il est, il a poursuivi imperturbablement son explication, sachant qu'un jour j'apprécierais et je comprendrais la valeur de ce qu'il m'offrait. Chaque fois que j'écoutais les enregistrements de mes consultations, je pouvais entendre mon manque de réceptivité à la richesse de ses enseignements.

Et je me rappelais que j'avais « 12 faiblesses » notamment la résistance au travail intellectuel et spirituel. Je me suis promis d'être plus ouverte. Quand il a expliqué que notre souffle était l'essence de notre force vitale, ce qu'il appelait « le prana », et m'a appris à respirer le long de la colonne vertébrale pour éveiller mes chakras, j'ai effectivement senti que je m'ouvrais et que l'énergie électrique commençait à circuler. Ghanshyam s'avérait être un maître électricien !

Lors d'une autre consultation, il m'a fait remarquer ma tendance à me tenir les pouces repliés à l'intérieur des paumes.

« Ton pouce est le prolongement et l'expression de ton mont de Vénus, le mont de l'amour. Lorsque tu dissimules ton pouce, tu t'empêches de donner et de recevoir l'amour et la puissante énergie créatrice que confère l'amour. C'est comme si tu gardais ta vitalité et ta joie enfermées dans une cave sombre après en avoir jeté la clé. Tu te sens laide, indésirable et bloquée à l'intérieur de toi-même. Lorsque tu vois autour de toi des personnes qui vivent dans l'amour et le bonheur, tu te sens faible, impuissante et indigne d'être aimée. »

« C'est vrai, Ghanshyam, ai-je admis tristement. Je ne me sens pas à l'aise dans mon corps. Je veux aimer et me sentir aimée, mais je ne me sens pas assez belle pour attirer toutes ces bonnes choses ».

« Guylaine, c'est ce pouce qui t'empêche en partie d'être toi-même. Tu vis dans un état constant de peur et de stress, et tu n'en es même pas consciente. Tu es fragile et vulnérable, mais ce n'est pas vraiment toi. Avec un doigt et un mont du Soleil aussi forts

et une Lune en Lion, tu devrais te sentir vibrante et dynamique !
C'est ça ta véritable personnalité ! »

Ghanshyam m'a enseigné plusieurs exercices de respiration
pour m'ouvrir la cage thoracique et réduire la tension, et m'a
encouragée à écrire au siège de la SRF pour me faire envoyer les
exercices de « rechargement » conçus par Paramahansa, ce que
j'ai fait.

« Ce ne sont pas des exercices ordinaires; ils aident à canaliser
l'énergie cosmique vers nous, à développer notre concentration
et à centrer notre respiration. Ils nous préparent à pratiquer la
méditation qui est la base spirituelle de nos vies. Mais tu n'es pas
encore prête à méditer, alors nous devons être patients. »

Il m'a suggéré d'afficher au-dessus de mon lit le slogan suivant : *Let go and let God* (Lâche prise et laisse agir Dieu).

« Au moment de te lever et de te coucher, ça te rappellera
de ne pas te soucier de ce que tu ne peux pas contrôler et de te
concentrer sur ce qui est vraiment important. »

Le développement de la concentration a été le thème d'une
autre consultation, quand il m'a fait remarquer que ma ligne de
destinée laissait à désirer.

« Tu as un riche subconscient, mais tu ne puises pas dans
son potentiel créateur pour exprimer qui tu es vraiment. Tu es
comme une feuille emportée par le vent », a-t-il évoqué, imitant
de sa main la feuille au gré du vent.

« Tu dois te consacrer à une passion et t'y plonger de tout ton
être sans penser à rien d'autre ! Sinon, tu pourrais passer ta vie
entière à rechercher ta destinée au lieu de la vivre. »

Il a souligné l'importance de cultiver une passion unique par
une anecdote sur le célèbre patineur artistique Toller Cranston.
Tôt dans sa carrière, Toller a consulté Ghanshyam parce qu'il était
déchiré entre son désir de patiner et sa passion pour la peinture.

« Je lui ai dit la même chose qu'à toi, Guylaine. Pour réussir,
il devait choisir une passion et s'y consacrer. Et comme il était
jeune, il ferait mieux de choisir le patinage et d'abandonner ses
pinceaux jusqu'à ce qu'il réalise son rêve de devenir champion

du monde de patinage. C'est ce qu'il a fait, et c'est ce que tu dois faire : abandonner les rêves qui te distraient, trouver ta véritable passion et la poursuivre de tout ton cœur. Tu dois trouver ta véritable vocation ! »

À la fin de la consultation, Ghanshyam m'a invitée à assister à un cours qu'il donnait ce soir-là sur la ligne de tête. Bien qu'il le donne en anglais, j'ai promis d'être là. Je désirais vivement apprendre tout ce que je pouvais sur la chirologie et je pensais que j'arriverais bien à comprendre quelque chose.

En attendant le cours, je suis allée manger au restaurant de l'autre côté de la rue et j'ai été heureuse de constater qu'il était vide. Je voulais manger en paix et réfléchir à ce que m'avait dit Ghanshyam à propos de l'ouverture de mon pouce et de ma véritable vocation. Mais ce devait être un lieu populaire car, au moment où mon repas est arrivé, la salle s'était remplie et était aussi bruyante qu'un carnaval. Les gens parlaient si fort que je ne pouvais pas m'entendre penser, mais je n'avais aucune difficulté à entendre le couple assis de l'autre côté du restaurant. Leurs éclats de rire étaient si sonores qu'au milieu du vacarme, ils résonnaient directement dans mes oreilles. Ils souriaient et riaient tellement que je ne pouvais pas me concentrer sur ma soupe, et je ne voyais qu'eux. Ils semblaient si heureux ! Tout ce bonheur m'irritait parce qu'il me rappelait que je rêvais d'être comme eux. J'ai retiré mon pouce de l'intérieur de ma paume et réglé l'addition.

Quand je suis revenue, la réception du Centre avait été transformée en une salle de classe qui s'est rapidement remplie d'étudiants. Mon anglais insuffisant me mettait mal à l'aise et je suis allée m'asseoir, incognito, complètement à l'arrière. Mais lorsque le couple du restaurant est entré dans la pièce, il a immédiatement attiré mon attention.

C'était la première d'une série de conférences sur la ligne de tête et, quand Ghanshyam a présenté les membres de son personnel au début du cours, j'ai découvert que le « couple heureux » était la sœur et le frère – Kathy et Peter Keogh – et qu'ils travaillaient au Centre de Chirologie.

Ah ! C'est pour ça qu'ils sont si heureux, ils travaillent avec Ghanshyam !

Kathy travaillait avec Ghanshyam depuis dix ans, et Peter depuis quelques années. Comme Ghanshyam, ils rayonnaient d'une convivialité et d'une chaleur qui étaient contagieuses, et j'aurais voulu être assise au premier rang pour être plus proche d'eux.

Le cours de Ghanshyam sur la ligne de tête était incroyable. Je ne comprenais pas un mot de ce qu'il disait, mais ça n'avait aucune importance. Je commençais à comprendre que la chirologie est le langage de l'âme, un langage que Ghanshyam utilisait avec tant d'aisance et de passion que je n'avais pas besoin d'un traducteur pour comprendre son message : la chirologie peut changer nos vies. C'était ce qu'il prouvait en montrant des empreintes « avant » et « après » de clients qu'il avait aidés au fil des ans. La preuve était là devant moi; même sans aucune connaissance technique de la chirologie, je pouvais voir que les lignes qui, sur les photos « avant » étaient bloquées et brisées, étaient devenues solides et continues sur les photos « après ».

Après le cours, Ghanshyam m'a présentée à Kathy et Peter, et nous avons immédiatement sympathisé. En partant, Kathy m'a serrée dans ses bras et mon intuition m'a dit que nous allions être de grandes amies.

Quand je suis rentrée ce soir-là, j'ai regardé mes mains et je me suis demandé dans combien de temps mes propres lignes changeraient, et à quoi ressemblerait ma vie par la suite.

C'est vers cette époque qu'à la fois mon contrat de scénariste de télévision et mes séances avec Ghanshyam ont pris fin. J'ai décidé de faire du bénévolat au Centre, car ses membres aidaient les gens et je voulais contribuer au bien qu'ils faisaient. Le Centre était également comme un deuxième chez-moi et je pensais que ce serait l'endroit idéal pour suivre les conseils de Ghanshyam et déterminer ce qu'était ma véritable vocation.

Un samedi après-midi, j'étais au bureau avec Peter et nous avons eu une longue discussion à cœur ouvert. Il savait écouter et, comme je l'ai découvert, c'était un musicien de talent et un passionné du comportement humain. Il avait le don d'aider les gens à résoudre leurs problèmes et avait eu dans l'idée de devenir psychologue. À l'université, il avait étudié la psychologie et la musique. Mais, après avoir rencontré Ghanshyam, il avait changé de voie et s'était finalement consacré au Centre à plein temps.

« Ghanshyam m'a fait prendre conscience d'une nouvelle méthode de compréhension du comportement humain qui est un moyen efficace d'aider les gens *tout en étant* profondément spirituelle », m'a-t-il confié.

D'accord, il avait trouvé sa véritable vocation, mais comment avait-il pu abandonner sa passion pour la musique et la psychologie, et se concentrer uniquement sur la chirologie ? Il ne les avait pas abandonnées du tout, m'a-t-il dit. Il avait combiné son amour pour la musique et son intérêt pour le comportement humain et les avait mis au service de la chirologie. Peter avait mis en musique de beaux mantras de méditation et il utilisait ses connaissances de la psychologie en lisant les mains. Après tout, la chirologie est une forme de psychologie universelle.

En fait, ma présence au Centre était exactement ce qu'il me fallait pour mieux me concentrer et éliminer de mon esprit deux ambitions secrètes qui avaient longtemps été une source de distraction et de frustration.

Ma première ambition a été réglée au cours d'une séance d'enregistrement avec Peter, Ghanshyam, et le musicien Serge Fiori. Je n'avais parlé à personne au Centre de mon rêve de devenir un jour une chanteuse célèbre, ni révélé que Serge Fiori était une de mes idoles de la musique (personne ne savait que je chantais ses chansons sous la douche !). Mais Ghanshyam a une façon de capter les désirs cachés d'une personne et il m'a invitée à chanter avec Serge lors de l'enregistrement d'un mantra de méditation. J'ai sauté sur l'occasion, mais j'étais tellement intimidée et embarrassée quand mon tour est venu, que j'ai marmonné quelque chose d'incohérent au lieu de chanter. Ma prestation était encore pire que mon audition à l'école de théâtre : un désastre total ! Mon rêve de devenir une grande chanteuse s'est évaporé, ce qui était une bénédiction, de même qu'une distraction de moins pour ma destinée.

Ma deuxième ambition cachée était d'écrire. J'avais rédigé de nombreux scénarios d'information pour la télévision, mais j'avais toujours rêvé de produire une grande œuvre dramatique. Et voilà que la Société Radio-Canada parrainait justement un concours de rédaction. Le gagnant recevrait 5 000 $ et on produirait son scénario. Mais cela exigerait de ma part un engagement à plein temps de plusieurs mois, et j'étais déchirée entre l'écriture et le bénévolat au Centre. Ghanshyam m'avait tellement aidée que je voulais retourner sa gentillesse, mais il m'avait aussi appris que je ne pouvais pas poursuivre plusieurs rêves simultanément et m'attendre à trouver succès ou bonheur.

Ghanshyam m'a facilité les choses. C'était un après-midi d'été ensoleillé, et Peter et moi étions en train de repeindre le toit du Centre, lorsque Ghanshyam est passé dire bonjour. Comme il marchait avec des béquilles après une grave blessure au pied quelques jours plus tôt, je me suis précipitée vers lui pour l'aider à porter sa mallette. Dès qu'il m'a regardée, j'ai bredouillé quelques mots sur mon dilemme dans un anglais approximatif.

« Guylaine, l'écrivaine ! Mais c'est merveilleux !, s'est-il exclamé, avec son beau sourire. Vas-y et rédige le meilleur scénario jamais écrit. Et souviens-toi que, si tu gagnes, je gagne avec toi ! »

J'étais profondément touchée et je me suis promis que, si je gagnais le concours, je donnerais la moitié de l'argent du prix au Centre.

Et me voilà partie à la recherche de mon destin. Pendant les six mois suivants, je me suis plongée dans l'écriture de *Faux pas*, un drame sombre et compliqué à propos d'une adolescente déprimée aux prises avec des problèmes d'abus et son incapacité à s'intégrer dans la société. C'était l'une des périodes les plus pénibles de ma vie. La solitude et l'isolement de la vie d'écrivain étaient suffocants et mes amis du Centre me manquaient terriblement. Je suppose que mon écriture reflétait ma dépression, car je suis arrivée 94ᵉ au concours. J'étais atterrée.

C'était la période de Noël, mais je ne ressentais aucune joie. J'étais accablée par un sentiment d'échec et de honte. La seule personne à qui je voulais parler était l'homme aux pantoufles. J'ai appelé le Centre et pris rendez-vous avec Ghanshyam pour le début janvier.

Quand j'ai ouvert la porte du Centre quelques semaines plus tard, le chant familier des oiseaux heureux m'a accueillie. C'était comme si je revenais chez moi. Ghanshyam a ouvert les bras et a demandé de sa voix bienveillante et retentissante :

« Alors, tu as écrit un beau scénario ? As-tu gagné ? »

« Non, je n'ai pas gagné. » J'ai fondu en larmes.

« Viens avec moi, a-t-il murmuré en m'enveloppant dans ses bras. Voyons un peu ce qui t'arrive. »

Dans son bureau, Ghanshyam a regardé mes mains et m'a dit de ne pas m'inquiéter.

« Le scénario n'a pas marché. Et après ? Sèche tes larmes. Tu as simplement besoin de quelques consultations de plus avec moi et tout ira bien ! » J'ai commencé à rire, et il s'est joint à moi. Il m'a rappelé que, lorsque je l'avais rencontré, je cherchais désespérément le bonheur et le sens de la vie.

« Mais tu ne cherchais pas au bon endroit, Guylaine. Le seul endroit où tu peux trouver la paix et la joie est en toi. Et tu n'étais pas équipée pour un voyage intérieur à l'époque. Tu devais d'abord satisfaire tous tes désirs avant de savoir ce que voulait ton âme. Maintenant tu es prête ! Donc, tu vois, tu as gagné ! »

Ghanshyam m'a invitée à me joindre à lui et au reste du personnel le soir même pour une méditation spéciale commémorant la naissance de Paramahansa Yogananda. Je suis partie acheter des fleurs en priant pour que Ghanshyam ait raison et que je sois maintenant prête à regarder en moi sans crainte ni doute. En marchant dans la neige, je me suis soudain rappelé de ce que Ghanshyam m'avait dit au cours de cette séance : j'avais une mission dans la vie, mais il me faudrait environ un an pour me préparer à l'assumer.

Comment avais-je pu oublier un message aussi important !

Maintenant que je m'en était souvenue, je savais instinctivement ce qu'était ma mission : devenir une meilleure personne et consacrer ma vie à aider les autres à faire de même. Et je savais où ma mission allait commencer.

À notre consultation suivante, j'ai dit à Ghanshyam que j'étais prête à me joindre au Centre. Je voulais apprendre la chirologie et travailler avec lui.

« Excellent !, a dit Ghanshyam en battant des mains. Nous allons vérifier le thème astrologique et choisir une bonne journée pour ton entrée en fonction, une journée avec une bonne lune pour que tu aies le plus de succès possible. »

La meilleure journée était le lundi 18 mars 1985, mon début officiel au Centre de Chirologie.

Quelques jours plus tard, le groupe m'a emmenée dans un restaurant chinois pour fêter mon 25e anniversaire. Mon esprit était en paix et mon cœur en joie. À un moment donné au cours de la soirée, j'ai regardé Ghanshyam et discerné des rayons de lumière rouge et dorée émanant de lui; il était entouré d'un brillant halo qui scintillait. J'ai cligné des yeux pour m'assurer que j'avais bien vu, mais la lumière incroyable était toujours là, resplendissant encore plus intensément.

Je n'avais jamais rien vu de pareil, c'était beau à couper le souffle. De toute évidence, cet homme avait quelque chose de spécial et, à ce moment-là, je savais qu'il serait mon professeur et mon mentor. Je me fierais entièrement à sa sagesse et lui ferais confiance pour me guider tout au long de mon chemin en vue de devenir une meilleure personne.

Mon enseignante à l'école primaire m'avait dit qu'être une bonne personne n'était pas une profession, mais elle se trompait : j'avais trouvé ma véritable vocation.

8

Trouver mon Centre

CE N'ÉTAIT PAS TOUT le monde qui partageait mon enthousiasme pour ma décision de devenir chirologue.

Certains amis étaient persuadés que je venais d'entrer dans une secte; d'autres disaient derrière mon dos que je devais me droguer ou faire une dépression nerveuse; mes colocataires étaient ouvertement hostiles à la chirologie, se moquant de moi quand j'étudiais mes empreintes à la maison ou que je lisais *Autobiographie d'un Yogi* recroquevillée sur le divan.

Peu importe comment je défendais mon changement de vie et de carrière, les gens levaient les yeux au ciel et ricanaient. Mon ego était encore fragile et je sentais leur négativité et leur mépris ronger la base de ma nouvelle vie. Je devais prendre des mesures draconiennes si je souhaitais réaliser mon rêve. J'ai donc coupé les ponts avec mes vieux amis et emménagé dans un minuscule appartement dans un nouveau quartier à deux pas du Centre de Chirologie.

Ma famille était aussi inquiète, mais plus facile à convaincre que mon choix n'allait pas me conduire à la ruine. Papa avait prédit un désastre quand j'étais partie en Europe quelques années plus tôt, avec seulement quelques dollars en poche et un cœur à la recherche du bonheur. Mais j'avais fini par obtenir un emploi bien rémunéré à Paris et je m'étais très bien débrouillée. Donc il ne s'opposait pas au Centre de Chirologie, même s'il n'avait pas la moindre idée de ce qu'un chirologue pouvait bien faire. Mimi m'avait toujours soutenue, quelle que soit la situation, et les garçons, pour qui j'étais, depuis longtemps, anticonformiste, n'ont pas été surpris quand ils ont appris la nouvelle. Ma mère solidaire a dit ce qu'elle a toujours dit : « Tant que tu es heureuse, je suis heureuse. »

Néanmoins, mes parents ne pouvaient pas s'empêcher d'appréhender que je me lance dans une profession aussi obscure et aussi excentrique, et je ne pouvais pas leur en vouloir. Quelques années plus tôt, la chirologie avait été interdite à Montréal, en vertu de lois archaïques anti-sorcellerie, et un astro-chirologue étranger avait même été déporté. Heureusement, personne dans la famille ne me voyait comme une sorcière, et cette loi ridicule a été généralement ignorée et finalement retirée des recueils de lois.

Juste avant que je commence à travailler au Centre, mon ancienne patronne, Claire, productrice de télévision, m'a téléphoné pour me proposer un emploi.

« Guylaine, j'ai de bonnes nouvelles pour toi. Je t'ai réservée en tant que scénariste pour une nouvelle série de treize épisodes, et tu seras payée encore mieux qu'avant. »

C'était un emploi prestigieux qui rapportait beaucoup.

Ma rémunération au Centre de Chirologie était plutôt faible, en fait incroyablement faible. Je ne savais même pas si je serais capable de payer le loyer de mon nouvel appartement une fois que j'aurais épuisé toutes mes économies. Je me rendais compte que je m'étais engagée dans la chirologie sans vérifier si je pouvais réellement gagner ma vie dans ce domaine. Je savais que ce travail de scénariste renflouerait mon compte bancaire et cimenterait mon avenir dans l'industrie de la télévision. Mais ce n'était pas l'avenir que je souhaitais.

« Claire, je viens d'accepter un nouvel emploi », ai-je répondu.

« Ah bon ? Dans quelle société de production ? »

« Ce n'est pas pour la télévision. Je vais travailler au Centre de Chirologie. »

« Au quoi ? »

« Au Centre de Chirologie, à Westmount. »

« Non, c'est pas vrai ! Et qu'est-ce que tu vas faire dans ce fameux Centre ? »

Je savais exactement ce que je ferais au début.

« Trier le courrier et faire du thé, pour commencer. »

« Pour l'amour du ciel, pourquoi voudrais-tu faire ça ? Je t'offre treize semaines comme scénariste pour un salaire en or et tous frais payés. »

« Mais qu'est-ce qui va arriver après ces treize semaines ? »

« Tu as déjà de la chance d'avoir ces treize semaines ! »

« Et qu'est-ce que j'aurai pour le reste de ma vie ? »

« Tu es folle, Guylaine ! », puis elle a raccroché.

C'est ainsi que j'ai rompu le dernier lien avec mon ancienne vie.

Quelques jours plus tard, soit le lundi matin qui avait été choisi comme la date propice pour mon entrée en fonction, je suis arrivée au Centre pour entamer ma nouvelle carrière. Un gros bouquet de fleurs m'attendait sur mon bureau avec une note de Ghanshyam : « Bienvenue au Centre de Chirologie, Guylaine ! Nous sommes bénis et heureux de t'avoir parmi nous. » C'était tellement gentil, mais je savais que c'était moi qui étais bénie.

Le Centre avait très peu de personnel – seulement sept personnes, moi comprise – et une longue liste de clients en attente. Pas étonnant qu'il m'ait fallu près de deux mois pour obtenir mon premier rendez-vous ! À l'époque, Ghanshyam et Kathy assuraient toutes les consultations. Quand ils n'étaient pas occupés avec les clients, ils préparaient du matériel didactique pour leurs cours, concevaient un nouveau programme de formation pour les chirologues, et organisaient la banque d'empreintes sans cesse croissante du Centre. Au début des années 80, ils avaient déjà amassé des milliers d'empreintes, ce qui constituait l'une des plus grandes collections d'empreintes de mains dans le monde. Parfois, ils étaient trop occupés pour s'arrêter et manger. Je leur préparais alors un repas et je faisais ce que je pouvais pour leur rendre la vie aussi agréable que possible. Le Centre ouvrait à 9 heures précises, six jours par semaine, et Ghanshyam finissait ses dernières consultations de la journée à 21 heures. Après quoi, les clients qui vivaient dans des fuseaux horaires différents commençaient à appeler pour des consultations téléphoniques. Je ne quittais pas le bureau avant Ghanshyam et je répondais parfois au téléphone bien après minuit pour entendre la voix angoissée de quelqu'un en pleine crise personnelle, insistant pour parler *immédiatement* à Ghanshyam pour une question de vie ou de mort. Ghanshyam n'a jamais refusé un appel et, à ces occasions, il rentrait souvent chez lui à 2 heures du matin ou même plus tard.

C'était un horaire exténuant, mais Ghanshyam vivait pour aider les gens et chaque consultation l'énergisait. Tout l'argent qui entrait allait directement au Centre pour financer l'école de chirologie que prévoyait Ghanshyam. Son rêve était d'enseigner la beauté et les avantages de la chirologie au reste du monde. Il déplorait que la plupart des Nord-Américains voient la chirologie comme une imposture ou une simple méthode de divination. Par conséquent, il était déterminé à changer cette notion et à démystifier la chirologie, en informant le plus de gens possibles des bienfaits démontrés de cette discipline capable de fournir un aperçu psychologique et d'aider à restaurer la santé mentale, émotionnelle et spirituelle. Ayant personnellement bénéficié de ces avantages, j'étais heureuse de l'aider dans sa mission.

Une fois par mois, Ghanshyam, Kathy et Peter quittaient Montréal pour aller voir des clients à Boston, New York et Toronto, où les gens avaient besoin de leur aide. Pour moi, Ghanshyam et son équipe étaient comme le Père Noël et ses lutins, travaillant sans relâche jour et nuit pour préparer de beaux cadeaux à offrir à l'humanité. Quand ils revenaient de leurs périples, je pouvais verser dans nos archives une nouvelle pile d'empreintes « avant » et « après ».

J'adorais travailler dans les archives et je passais des heures à chercher des empreintes pour les cours, à étudier les différentes caractéristiques de la main et à lire l'histoire du Centre.

J'ai ainsi découvert que Ghanshyam avait commencé à apprendre la chirologie, l'astrologie et la médecine ayurvédique quand il était encore un jeune garçon, assis à côté de son grand-père dans son petit village natal en Inde. Les gens de toute la région venaient demander à son grand-père de l'aide, des conseils et des remèdes naturels qu'il préparait lui-même pour guérir leurs maux. Ghanshyam était fasciné par la précision et le pouvoir de guérison de la chirologie, et il s'est mis à étudier les livres sur les sciences védiques dans la bibliothèque de son grand-père. Il a commencé à lire les mains de ses camarades de classe et, avant même d'avoir atteint l'adolescence, il partait tout seul dans le village pour faire des croquis des mains des gens qu'il rencontrait dans la rue, depuis les policiers jusqu'aux prostituées. Il avait la chirologie dans le sang et elle deviendrait la grande passion de sa vie.

En 1953, à son 12ᵉ anniversaire, l'astrologue de la famille est venu officiellement consulter la carte astrologique de Ghanshyam, qui avait été égarée depuis sa naissance. (L'astrologie et la chirologie faisaient tellement partie de la vie courante en Inde, qu'avoir un astrologue de famille n'avait rien de spécial.) L'astrologue a étudié attentivement la carte et a annoncé à la famille que Ghanshyam était destiné à devenir un missionnaire de la chirologie. Il voyagerait loin et changerait la façon dont la chirologie était pratiquée et perçue, la faisant passer d'une méthode de divination à un art thérapeutique qui aiderait beaucoup de gens.

Curieusement, Ghanshyam n'aimait pas les prédictions. Il regrettait que la chirologie soit devenue aussi fataliste au fil des siècles et voulait l'utiliser telle qu'elle l'avait été par le passé, c'est-à-dire comme la pratiquait son grand-père pour aider et guérir. Il voulait commencer à exercer dès la fin de l'école secondaire, mais son père, militaire pragmatique, s'y est opposé. Il pensait que Ghanshyam finirait dans la rue... tout comme le redoutait mon propre père quand j'étais partie en Europe.

Ghanshyam a apaisé son père en entrant à l'école militaire et en obtenant un diplôme universitaire, mais il a continué à étudier la chirologie et l'astrologie dans ses temps libres. Après avoir décroché son diplôme, il a commencé à enseigner dans un collège. Parallèlement, il a ouvert son premier Centre de Chirologie à

New Delhi et a trouvé un professeur capable de lui enseigner la chirologie dans sa forme la plus pure.

Ce professeur était Shyamlalji, chirologue reclus mais vénéré qui refusait de prendre des élèves à moins qu'ils ne l'aient convaincu qu'ils consacreraient leur vie à la chirologie. En se conformant à ces conditions, Ghanshyam est devenu l'un des deux seuls élèves que Shyamlalji ait jamais acceptés.

Shyamlalji pratiquait une forme de chirologie profondément spirituelle, et Ghanshyam a suivi un programme de formation rigoureux incluant le jeûne, la prière et la méditation à l'aide de mantras. Il a ainsi amassé une quantité considérable de connaissances techniques et s'est plongé dans les aspects mystiques et métaphysiques de la chirologie. Au cours de sa formation, Ghanshyam a été contraint de faire face à son moi intérieur et a été convaincu que, pour être efficace, la chirologie exigeait une profonde connaissance de soi et une introspection continue.

Shyamlalji a également prédit à Ghanshyam un avenir similaire à celui qu'avait annoncé l'astrologue de la famille des années auparavant : « Tu iras en Occident et tu révolutionneras la chirologie pour les générations à venir. » Alors, quand Ghanshyam a lu, dans un journal de New Delhi, une annonce recherchant « le meilleur chirologue de l'Inde » afin de travailler dans un restaurant de Montréal, il y a vu un signe du destin. Plus de 500 chirologues de toute l'Inde ont répondu à l'annonce, mais c'est Ghanshyam qui a eu l'emploi. À l'époque, il était marié et avait de jeunes enfants. Sa famille, ses amis et ses collègues lui ont dit qu'il était fou d'abandonner sa carrière d'enseignant pour travailler dans un restaurant à l'étranger, mais il a suivi la voix de son cœur. En 1970, il a quitté l'Inde pour le Canada, sans un sou en poche et sans connaître un seul mot de l'une ou l'autre des langues officielles. À la douane, tout ce qu'il avait à déclarer consistait en son amour de la chirologie et son rêve de l'offrir au monde.

Les débuts de Ghanshyam à Montréal n'ont pas été faciles, mais sa passion pour la chirologie et la précision de ses analyses lui ont rapidement créé une clientèle fidèle. Parmi ses adeptes les plus convaincus, il y avait une psychologue très réputée, Judy Freppel, qui avait été présidente de l'Association des psychologues du Québec.

Comme moi, Judy a été emballée par l'analyse détaillée que lui avait faite Ghanshyam simplement en regardant ses mains. Elle était tellement impressionnée par ses capacités qu'elle a régulièrement amené ses propres clients, collègues et étudiants voir Ghanshyam.

« Je passe des heures et des heures avec mes patients à essayer d'établir une image de leur personnalité, a-t-elle avoué à Ghanshyam. Alors que toi, tu ne passes que trente minutes avec eux et non seulement tu sais tout de leur personnalité, mais tu détermines leurs plus grandes peurs et phobies, tu repères leurs forces et leurs faiblesses, *et* tu leur fournis d'excellentes suggestions sur ce qu'ils peuvent faire pour résoudre leurs problèmes. Tu leur enseignes comment analyser leur comportement et comment éviter de refaire les mêmes erreurs ».

Convaincue au plus haut point par la mission de Ghanshyam de présenter la « chirologie préventive » et analytique au monde, Judy a quitté son cabinet privé pour travailler avec lui à plein temps. En 1972, elle a trouvé des locaux pour le bureau, a aidé à créer le Centre de Chirologie et a organisé le premier conseil d'administration du Centre, qui comprenait plusieurs médecins, psychologues et professeurs d'université.

Judy partageait également la dévotion de Ghanshyam pour les enseignements de Paramahansa Yogananda et pour le Kriya Yoga, si bien que, quelques années plus tard, elle a quitté le Centre pour devenir religieuse à l'ashram de Paramahansa en Californie, où elle a fini par devenir la secrétaire privée de Daya Mata, la présidente de la SRF. Ghanshyam a été dévasté de perdre sa précieuse amie et son « bras droit », mais c'est à ce moment-là que Kathy est entrée au Centre.

Kathy avait étudié la psychologie à l'université à Montréal quand, pour son 19e anniversaire, elle a reçu un ensemble de livres sur l'histoire et la pratique de la chirologie. Comme

Ghanshyam et Judy, elle a immédiatement reconnu l'utilité de la chirologie pour elle-même et pour les autres et a passé les sept années suivantes à étudier seule et à rechercher un professeur ou une école qui pourraient l'aider à devenir chirologue professionnelle. Sa recherche a abouti quand elle a rencontré Ghanshyam en 1975, au moment où Judy se préparait à quitter le Centre.

« Je te laisse en de bonnes mains avec Kathy. Tu ne peux que réussir », a déclaré Judy à Ghanshyam peu avant de partir à Los Angeles. Vous allez tous les deux aider beaucoup de gens et le Centre continuera à croître et à prospérer. »

Et c'est exactement ce qui est arrivé. En plus d'offrir ses propres consultations et de donner les cours, Kathy est devenue l'historienne officielle du Centre et s'est consacrée à consigner par écrit les antécédents, les connaissances et les conférences de Ghanshyam, dont tant d'autres – moi comprise – profiteraient.

Les mois à venir allaient être très pénibles pour moi, mais une fois que j'ai connu les origines du Centre de Chirologie et les sacrifices qu'avait faits Ghanshyam pour communiquer la chirologie védique à l'Occident, j'étais fière d'avoir rejoint ce groupe dévoué et de faire partie d'une cause aussi noble.

9

Mes professeurs

*M*ÊME EN ÉTANT FIÈRE de faire partie de l'équipe du Centre de Chirologie, je trouvais difficile de me débarrasser de mes vieilles attitudes et habitudes et de m'adapter à ma nouvelle vie. Le premier travail qu'on m'a confié n'était pas ce à quoi je m'attendais, vu mon mode de vie précédent à Paris, mon éducation et ma soi-disant prestigieuse carrière à la télévision. Je passais beaucoup de temps à lécher les timbres et à récurer les toilettes, ce qui n'était pas exactement la voie de l'illumination que j'avais imaginée ! Bien que j'essayais de ne pas me laisser abattre, de garder mon calme et de rester enjouée, je suppose que mon anxiété et mon insatisfaction intérieure se répercutaient sur mon humeur.

Un soir que je travaillais tard, j'ai surpris une conversation entre Peter et Ghanshyam dans une pièce voisine. Mon anglais était loin d'être parfait, mais j'avais toujours mon dictionnaire Larousse français-anglais dans la poche et, à ce moment-là, je comprenais suffisamment pour savoir qu'ils parlaient de moi.

« Comment se débrouille-t-elle ?, a demandé Ghanshyam à Peter. Qu'en penses-tu ? »

« Guylaine ? Elle est formidable, a répondu Peter. Mais quand son humeur change, elle n'est pas à prendre avec des pincettes. »

Mon sang n'a fait qu'un tour quand j'ai réalisé l'effet négatif qu'avaient mes humeurs sur les gens autour de moi. Mon père avait l'habitude de me reprocher mes sautes d'humeur quand j'étais adolescente et il essayait (sans succès) d'y remédier par ses farces ou ses taquineries. Mais je suppose que mon humeur changeante était devenue une manie : une mauvaise habitude de plus qui me bloquait. J'ai donc ajouté les sautes d'humeur à la liste de défauts que je devais corriger et j'ai silencieusement remercié Peter de m'avoir enseigné, même accidentellement, une leçon que j'avais besoin d'assimiler.

J'ai également appris des choses très importantes sur mon comportement grâce à Lydia qui était responsable des activités quotidiennes du Centre et dont je relevais directement. Pendant des années, elle a mené tout le monde à la baguette. Elle était dure, particulièrement tendue, très attachée aux règles et elle ne voyait pas d'un bon œil les esprits libres et rebelles comme moi. Mon énergie fougueuse et mon besoin de vitesse la déroutaient. Elle sursautait si elle me voyait soudain à côté d'elle et m'ordonnait de reculer et de toujours me tenir à au moins un mètre d'elle. Si je portais par hasard des chaussures de la même couleur que les siennes, elle m'accusait de vouloir l'embarrasser. Répondre au téléphone avant elle risquait d'être interprété comme une tentative de lui voler son travail. Elle vérifiait dans le moindre détail tout ce que je faisais, quelle qu'en soit l'importance, et me réprimandait en public si les éviers que je nettoyais ne reluisaient pas à sa satisfaction. Je dois admettre qu'elle était dure avec tout le monde, même avec Ghanshyam; mais j'avais l'impression qu'elle faisait l'impossible pour que je me sente comme une vilaine petite écolière ayant constamment besoin d'être corrigée. Un jour que j'avais fait une grosse erreur dans le registre de rendez-vous, elle m'a sermonnée devant une cliente.

« Elle ne devrait pas vous traiter comme ça », m'a chuchoté la cliente. J'en ai convenu mais, au bout de quelques minutes, je me suis rendu compte qu'une fois la cliente partie, je devais continuer à travailler indéfiniment avec Lydia. Il fallait qu'on puisse s'entendre. J'ai donc dit à la cliente : « Vous savez, c'est vrai que j'ai fait une erreur, et Lydia a eu raison de me le faire remarquer. »

Mais peu de temps après une nouvelle dispute avec Lydia, j'en ai eu assez. Je suis entrée en colère dans le bureau de Ghanshyam pour me plaindre de la situation, ce qui, d'après moi, était justifié. Il n'était pas impressionné par mon ton et mon attitude arrogante. Il m'a dévisagée longuement sans que je puisse deviner le fond de sa pensée, puis il a parlé calmement :

« Guylaine, c'est comme ça que tu comptes devenir une meilleure personne ? Si tu as fait une erreur, tu as besoin d'être corrigée, et c'est le travail de Lydia puisqu'elle est ta patronne. Personne ne t'oblige à rester ici, si tu n'es pas satisfaite; tu peux partir quand tu veux. La porte est là. »

Ce n'était pas la réponse que j'attendais, surtout de Ghanshyam. J'étais habituée à ses sourires et à sa compassion. Ça faisait mal. *Oh non !*

Les yeux gonflés de larmes, je me suis excusée et esquivée de son bureau, souhaitant disparaître sous terre. En passant devant mon bureau, Kathy, qui a toujours eu le cœur sur la main, a vu que j'étais bouleversée et s'est arrêtée pour me prendre dans ses bras.

« Ne t'inquiète pas, Guylaine, demain tout ira mieux ! »

Cette nuit-là, j'ai repensé dans mon lit à ce qu'avait dit Ghanshyam; il avait raison. Personne ne me forçait à être là, mais c'était là que je voulais être. J'étais en train de me laisser influencer par les mélodrames personnels et mesquins et de blâmer les autres pour mon mécontentement… comme je l'avais fait avec Marcel quand il était tombé malade. Je me heurtais à mon ego, et je laissais ma tête bloquer mon désir de grandir en tant que personne. Mes craintes, mes doutes et mon orgueil blessé me faisaient tout remettre en question. Je continuais à avoir les mêmes émotions en dents de scie que j'avais depuis des années, et je me demandais si je devais même poursuivre mes efforts d'auto-transformation, ou bien y mettre fin et repartir à zéro ailleurs.

Ne voulant pas faire face à la situation, j'ai fermé les yeux et utilisé mon arme secrète, en me concentrant sur la tache sombre à l'intérieur de mon front jusqu'à ce que j'échappe à mon corps et à mon esprit troublé.

Un matin, peu de temps après, Ghanshyam m'a accueillie de son sourire familier quand je suis entrée dans son bureau pour lui remettre des empreintes. Puis il a dit quelque chose que je n'oublierai jamais.

« Pour travailler ici, tu dois accepter de travailler d'abord sur toi-même, Guylaine. Un bon chirologue ne doit jamais projeter ses propres angoisses et craintes ni sa négativité sur le client. Les gens viennent nous voir pour obtenir notre aide, pas pour se renseigner sur nos problèmes ou soucis personnels. Le changement est douloureux, mais nécessaire. Pour grandir en tant que personne, tu dois permettre à ton ego d'être pulvérisé jusqu'à ce qu'il ne reste plus que ton cœur. »

Une fois de plus, Ghanshyam avait raison. J'avais choisi d'être au Centre pour m'épanouir, changer les lignes de ma main et devenir une meilleure personne. Si je me sentais toujours prisonnière dans ma propre tête avec mon ancien comportement, je devais trouver un moyen de me débarrasser de mon attitude négative tout comme j'avais coupé les ponts avec mes amis désapprobateurs. J'avais tout abandonné, y compris ma carrière, pour être au Centre et je ne voulais pas revenir en arrière. J'ai donc secrètement accepté Lydia comme professeur; son agressivité m'a forcée à confronter les problèmes et défauts personnels que je devais régler en moi. Je lui ai permis de pulvériser mon ego, et elle a fait un très bon travail. Je lui suis éternellement reconnaissante de m'avoir aidée à croître.

Je me suis efforcée de remédier à mes défauts en mettant au point des petites stratégies qui m'aidaient à m'améliorer et à me développer spirituellement. Qu'il s'agisse d'aller au bureau de poste, de faire du thé pour un client ou de sortir les poubelles, j'en ai fait de mini-pèlerinages, des occasions de parler à Dieu – ou à mon âme, ou à la Source infinie, ou à toute autre manière appropriée de décrire la présence divine en moi. Au lieu de me demander pourquoi je me retrouvais toujours à faire des courses ennuyeuses, j'ai vu cela comme le chemin de la paix et de la gratitude. Même frotter l'évier jusqu'à ce qu'il reluise suffisamment pour que Lydia puisse y voir son reflet me donnait de l'inspiration et un sentiment d'accomplissement.

C'étaient là des leçons essentielles. Lorsque j'abordais le travail avec gratitude, je trouvais une récompense dans n'importe quelle tâche, ce qui me permettait d'aller plus vite et me laissait davantage de temps pour étudier les lignes de la main. Et quand j'ai appris que la ligne de cœur est le reflet de notre âme et qu'elle révèle la profondeur de notre générosité et notre capacité d'aimer et de pardonner inconditionnellement, j'ai voulu allonger la mienne. J'ai commencé à accomplir des petits actes de bonté, comme acheter suffisamment de lait chaque lundi matin pour que chacun en ait pour son thé ou son café pendant la semaine. Compte tenu de mon maigre salaire, c'était un gros sacrifice pour moi.

Plus tard, quand j'ai étudié l'astrologie védique, j'ai découvert deux choses qui m'ont fait sourire à propos de cette période au Centre. La première a été de me rendre compte qu'à cette époque, je traversais un dasha Lune. (Un dasha est une phase de la vie au cours de laquelle nous sommes grandement influencés par un corps céleste particulier.) Et, au cours d'un dasha Lune, il est jugé de bon augure de faire don de quelque chose de liquide et de blanc le lundi, qui correspond à la journée de la Lune !

La deuxième chose que j'ai apprise était que je ne suis pas, comme je l'avais toujours cru, Bélier avec un ascendant Lion, gouverné par deux planètes de feu, Mars et le Soleil, et propulsé par une énergie chaude, agressive et masculine (yang). L'astrologie occidentale calcule différemment le thème de naissance et, selon l'astrologie védique, je suis en fait Poissons avec un ascendant Cancer, soit deux signes d'eau ! Cela fait une grosse différence car l'énergie de l'eau est féminine (yin) et beaucoup plus patiente et plus généreuse. C'était à l'opposé de la façon dont je m'étais toujours vue : rapide, volontaire et indépendante, mais cela expliquait certainement mon humeur changeante.

Mes nouveaux signes m'ont déroutée au début, mais à mesure que je travaillais à corriger mes défauts, je me suis peu à peu intégrée dans les qualités associées aux signes d'eau, et je suis devenue plus tolérante et plus attentionnée. Avant mon arrivée au Centre, l'étendue de mon savoir-faire culinaire se limitait à faire bouillir des pâtes. Après avoir travaillé avec Ghanshyam pendant un certain temps, j'ai appris à cuisiner en aidant Kathy à faire le souper tous les soirs. Bientôt, je prenais beaucoup de plaisir à préparer des repas pour le personnel en y mettant tout mon amour. Comme Ghanshyam me l'a un jour expliqué, tout ce que nous créons dans la vie vibre au rythme de nos émotions à un niveau moléculaire. Je m'assurais donc que tous les plats que je préparais pour mes collègues reflétaient ma gratitude et mon appréciation.

Par un bel après-midi d'été, Kathy s'est arrêtée à mon bureau.

« Veux-tu commencer à apprendre la chirologie, Guylaine ? », a-t-elle demandé.

Elle m'a emmenée pique-niquer sous un saule près d'un ruisseau au parc Westmount (un cadre parfait pour un signe d'eau !) où elle m'a donné la première de nombreuses leçons privées de chirologie et d'astrologie védiques.

Elle a commencé par me dire que la chirologie était apparue il y a des milliers d'années et qu'elle faisait partie de la science védique ancestrale du *Samudrik Shastra* qui, traduit du sanskrit, signifie « océan de la connaissance ». Cette connaissance est mise à notre disposition dans les lignes et signes de la main.

« La chirologie est une partie acceptée et profondément respectée de la culture hindoue depuis tant de milliers d'années qu'elle est représentée par sa propre déesse, m'a expliqué Kathy, en levant la main droite et en ouvrant les doigts. Elle s'appelle Mère Panchanguli, *Panch* signifiant cinq et *anguli*, doigts. »

Elle a passé en revue les noms des planètes assignées à chacun des quatre doigts, depuis l'index jusqu'à l'auriculaire, à savoir Jupiter, Saturne, le Soleil et Mercure. Les « monts », c'est-à-dire les coussinets de chair en dessous de chaque doigt, portent le même nom de planète que le doigt correspondant. Le mont de Vénus est à la base du pouce; les monts de Mars, soit Mars positif et négatif, se trouvent de chaque côté de la paume; et, à côté de Vénus, nous trouvons le mont de la Lune.

« Commençons par examiner le pouce, a poursuivi Kathy. En sanskrit, le pouce s'appelle *angushth*, qui signifie 'le doigt suprême' et ce, pour une bonne raison : le pouce est la force motrice de l'ensemble de la main et dévoile notre individualité. Il est également l'expression consciente du mont de Vénus et révèle notre capacité d'aimer. Les deux phalanges du pouce représentent notre volonté et notre logique. La façon dont nous exprimons l'amour peut dépendre de la force, du développement et de l'interaction de notre logique et de notre volonté. »

Lors de ces premières leçons, mon anglais était encore douteux, mais Kathy avait un tel don pour l'enseignement qu'elle a réussi à éliminer l'obstacle de la langue par des images qui stimulaient mon imagination et gravaient l'information dans ma mémoire.

« Nos doigts révèlent beaucoup de choses sur nous. Les doigts courts qui ont un fort soutien de Mars, mais pas assez de Saturne, indiquent que, malgré notre abondance d'énergie et de dynamisme, nous avons besoin de plus de discernement, de sagesse et de discipline pour atteindre nos objectifs. Quand tu penses aux doigts courts, imagine un bateau qui a un moteur puissant mais aucun gouvernail. Notre énergie a besoin d'une orientation pour nous amener là où nous voulons aller.

« Mais les longs doigts racontent une autre histoire. Avec un long doigt de Saturne qui n'a pas suffisamment de soutien de Mars, il peut être difficile de mettre nos idées en pratique. Nous sommes comme un bateau qui a un gouvernail, mais pas de moteur, et devons alors accroître notre énergie afin de réaliser nos rêves et nos objectifs. »

Kathy savait que je venais d'une ville de bateaux et ne pouvait pas choisir une meilleure analogie.

Pour expliquer le rôle des monts, elle m'a conseillé de les imaginer comme une centrale hydro-électrique.

« Les monts sont alimentés par les planètes. Ils génèrent l'électricité qui circule dans tes lignes majeures et mineures pour aller allumer ta conscience ! »

Elle a utilisé d'autres métaphores colorées pour expliquer la signification de chaque signe du zodiaque, les attributs des neuf planètes et les maisons astrologiques dans lesquelles elles résident. Elle a insisté sur l'importance de comparer les deux mains parce qu'elles expriment ensemble notre subconscient et notre conscient, et elle m'a montré comment détecter les comportements ou traits de caractère négatifs : un excellent outil pour empêcher les vieilles habitudes de réapparaître et de nous affaiblir.

La chirologie m'a permis de mieux comprendre ma famille; avec l'aide de Kathy, j'ai commencé à voir comment les mains et signes astrologiques des membres de ma famille traduisaient leurs différentes personnalités. Je pouvais relier l'énergie chaotique et les mésaventures de mon frère André à ses doigts inhabituellement courts. Le thème de naissance de mon frère Gaston, le grand conteur de la famille qui aimait parler à tout le monde, a révélé qu'il avait Mercure exalté en Vierge dans sa deuxième maison qui, selon Kathy, était la maison de la voix et de la communication.

La splendide ligne du Soleil de Papa était à l'origine de sa bonne humeur et de son désir d'être au service de sa famille; sa Lune plutôt faible expliquait sa difficulté à exprimer ses émotions, comme quand il ne pouvait pas se résoudre à venir à l'aéroport pour me dire au revoir le jour de mon départ pour Paris. Et la belle Lune en Lion de ma mère révélait pourquoi elle aimait tant les gens et pouvait facilement travailler deux quarts de suite comme serveuse : les gens étaient sa passion. Sa forte ligne de tête faisait d'elle une excellente psychologue; elle pouvait amener chaque personne de la famille à faire ce qui était le mieux pour elle. Je me suis souvenue de la fois où elle avait convaincu Papa d'arrêter de boire : elle a renversé tous les meubles de la pièce, tandis que Papa était ivre-mort sur le divan. Quand il s'est réveillé le lendemain matin, il a cru qu'il était responsable des dégâts et n'a plus jamais bu une seule goutte d'alcool.

Dans ma propre main, l'origine de ma ligne de vie était très écartée de ma ligne de tête, ce qui représentait mon caractère indépendant et la raison pour laquelle je suis le seul membre de ma famille à avoir jamais quitté Valleyfield pour aller vivre ailleurs.

L'humour et la passion de Kathy ont fait vivre la chirologie pour moi, et m'ont prouvé qu'en comprenant les lignes et signes de nos mains, nous pouvions transformer nos vies et réaliser nos rêves.

Chaque fois qu'elle donnait un cours à un groupe, je m'asseyais au premier rang pour pouvoir l'assiéger de questions. J'étais éblouie par sa capacité de communiquer des idées et des concepts complexes avec une facilité et une éloquence incroyables. C'était comme si je regardais Jimmy Hendrix jouer de la guitare : il utilisait son instrument comme la prolongation de son corps, dans n'importe quelle position et toujours avec autant de talent; la musique qu'il créait était miraculeuse et saisissante. Il en allait de même pour Kathy et la chirologie : elle la vivait, la respirait et l'enseignait d'une manière électrisante. Elle me rappelait Obélix, le personnage de bande dessinée qui est tombé dans une marmite de potion magique quand il était petit et en a retiré une force surhumaine. Kathy était tombée dans la marmite de potion chirologique et, moi aussi, je voulais cette potion.

Le jeudi soir était réservé à la classe hebdomadaire de Ghanshyam. J'étais constamment étonnée par la profondeur et l'étendue de son savoir. Juste au moment où je pensais qu'il avait, tel un archéologue, produit le trésor le plus précieux qu'on puisse imaginer, il creusait plus profondément et extrayait un autre joyau. Pendant une classe, il est passé de l'importance de la taille et la forme de l'ongle, à l'influence de la texture de la peau, puis au rôle que joue la réincarnation dans la paume, et à la façon dont l'énergie des cinq éléments universels, c'est-à-dire l'air, l'eau, le feu, la terre et l'éther, interagit avec nos trois niveaux de conscience. Il avait une compréhension encyclopédique de toutes les facettes de la chirologie et je m'assurais de toujours avoir mon fidèle dictionnaire français-anglais à chacun de ses cours.

Vu mon désir d'absorber chaque mot prononcé par Ghanshyam lorsqu'il enseignait, j'avais fait de mon apprentissage de l'anglais une priorité absolue et je travaillais sur mes compétences linguistiques tous les jours et tous les vendredis soirs, quand nous allions manger une pizza en groupe. Même si je ne pouvais pas toujours suivre la conversation et comprendre toutes les blagues, je riais beaucoup au cours de ces rencontres pendant lesquelles se sont forgées des amitiés durables. Des années plus tard, Ghanshyam m'a dit que l'apprentissage de la chirologie dans une autre langue que ma langue maternelle m'avait ralentie et m'avait forcée à respirer plus profondément. Ce faisant, j'étais devenue plus calme et plus apte à l'introspection, un atout incontournable pour tout chirologue.

Mais il ne m'était pas toujours facile de rester calme. Je me souviens d'avoir éclaté en sanglots après une journée accablante et, bien sûr, Kathy est venue me consoler.

« Ne t'en fais pas, ce n'est pas grave. Viens, on va voir ce que disent tes mains », a-t-elle proposé en me conduisant à l'évier et en m'encrant les mains. C'était mon premier jeu d'empreintes depuis que je travaillais au Centre. J'ai été si enthousiasmée par ce que je voyais que j'ai immédiatement oublié mes larmes. J'étais stupéfaite de voir la quantité de changements et la rapidité avec laquelle mes lignes s'étaient transformées !

La première chose qui m'a frappée était l'évolution de la forme générale de mes mains et de mes doigts. Ils n'avaient plus l'air aussi tordu qu'à ma première consultation avec Ghanshyam. Kathy m'a fait remarquer que mon pouce s'était ouvert, prouvant que ma confiance en moi grandissait. Puis j'ai vu de petites lignes de sagesse commencer à se manifester dans ma paume, en particulier un anneau de Salomon, ce qui voulait dire que j'étais prête à suivre un mentor et à aider les gens grâce à ma profession. En outre, une nouvelle ligne d'amour de la vérité apparaissait peu à peu sur mon mont de Saturne, révélant que j'apprenais à accepter la critique et les conseils sans être sur la défensive ni porter de jugement.

Mais le plus important pour moi, c'était que ma ligne de cœur avait commencé à s'allonger, ce qui signifiait que j'apprenais graduellement à donner et à recevoir plus d'amour… et que j'étais au bon endroit pour faire les deux.

Travailler au Centre m'avait ouvert le cœur et mon attitude face à la vie s'était grandement améliorée : j'étais plus optimiste, beaucoup moins morose, plus gentille, et de plus en plus prévenante envers les autres. Le changement était si profond que mes parents ont voulu savoir ce qui m'arrivait et ont exprimé de désir de rencontrer Ghanshyam.

Maman et Papa sont venus en visite au Centre un peu plus d'un an après que j'ai commencé à y travailler. Ghanshyam les a accueillis avec son habituelle affabilité, c'est-à-dire une humilité attachante, des poignées de main chaleureuses, un sourire irrésistible et de grandes accolades. Mes parents ont été immédiatement séduits, et Papa et Ghanshyam ont commencé à se taquiner mutuellement, comme un couple de vieux camarades de classe, ce qui m'a étonnée, car aucun des deux ne pouvait comprendre un mot de ce que disait l'autre. Papa parlait un français très « québécois » et Ghanshyam parlait anglais, mais ils sont restés dans le bureau à rire pendant une heure. Maman a tout de suite adoré Kathy et Peter, et voulait tout savoir sur leurs origines, sur ce qui les avait amenés à la chirologie et sur ce qui faisait changer nos lignes.

Avant le départ de mes parents, j'ai pris les empreintes de leurs mains. Tout en appliquant l'encre sur leurs paumes, j'ai dit une petite prière de remerciement pour exprimer ma gratitude d'avoir pu attirer deux familles affectueuses en une seule vie.

Au fil du temps, j'ai pris confiance dans ma connaissance de la chirologie. Je préparais les thèmes astrologiques des clients avant leurs consultations, je discutais des détails des horoscopes quotidiens avec Peter et j'aidais Kathy et Ghanshyam à organiser et à préparer leurs cours. Je savais que mon souhait de parler anglais avait été exaucé lorsque Ghanshyam était apparu dans mes rêves et m'avait transmis des messages… en anglais !

« Guylaine, soit un drapeau, pas une exposition ! », m'a-t-il dit dans un rêve. J'ai tout de suite compris ce qu'il voulait dire. Il me demandait d'être libre et de briller, de me sentir bien et de m'exprimer, mais il me rappelait aussi que je transmettais un vaste océan de conscience et que je ne devais pas devenir fière ou m'identifier à mon ego. Dans un autre rêve, il m'a dit : « Lorsque tu sers du thé à quelqu'un, ce n'est pas le thé que tu sers, mais ton attitude ! »

Ghanshyam avait autant de sagesse dans mes rêves qu'en personne, et ces deux rêves m'ont donné le courage et la confiance de laisser mon dictionnaire Larousse français-anglais dans le tiroir de mon bureau au lieu de l'avoir toujours avec moi.

Après avoir travaillé au Centre pendant deux ans, j'en savais suffisamment en anglais et en chirologie pour accompagner les membres de l'équipe à Toronto, où ils offriraient des consultations lors d'un gigantesque salon ésotérique. Des milliers de personnes assistaient à cet événement de fin de semaine, et j'étais chargée d'organiser les consultations, de planifier l'hébergement et de m'assurer que le tout se déroule sans heurt. Mais le deuxième jour du colloque, une des chirologues est tombée malade et Ghanshyam s'est tourné vers moi.

« Allez, Guylaine, vas-y ! C'est ton tour de faire une consultation. Tu es prête. Tu peux la faire, tu en as fait tellement dans le passé ! »

Dans le passé ? Quel passé ? De quoi il parle ? De la réincarnation ?

Je n'avais jamais fait de consultation auparavant. Jamais ! Du moins pas dans cette vie. Je voulais demander à Ghanshyam de trouver quelqu'un d'autre, mais il ne m'en a pas donné la chance. Et puis, ce n'était pas le moment de protester. Il y avait seulement une situation qui devait être réglée immédiatement : un client attendait sa consultation, et d'autres faisaient la queue derrière lui.

D'un signe de tête, Ghanshyam m'a indiqué la chaise vide. J'ai respiré à fond pour maîtriser le tremblement de mes mains et je me suis assise en face de mon premier client. Il a posé sa main sur la table et j'ai commencé à analyser ses lignes. C'était une consultation rapide, peut-être 15 ou 20 minutes, mais elle m'a paru une éternité.

À la fin, le client s'est levé et a souri en hochant la tête.

« Merci, a-t-il déclaré, ce que vous avez dit a *beaucoup* de sens pour moi. »

Il m'a remerciée de nouveau et il est parti : mon premier client satisfait.

J'ai regardé Ghanshyam et il a levé les pouces. C'est à ce moment merveilleux que ma carrière de chirologue professionnelle a démarré.

10

Paramahansa Yogananda

J'ÉTAIS PLEINE DE RECONNAISSANCE pour tous mes professeurs au Centre. En particulier, j'étais ravie d'avoir trouvé un mentor aussi sage et aussi bienveillant que Ghanshyam qui attirait régulièrement mon attention sur mon comportement et ne me permettait pas d'être ma propre ennemie. Et j'appréciais aussi énormément que Ghanshyam ait choisi Paramahansa Yogananda à la fois comme son professeur et comme son gourou.

Paramahansa Yogananda était peut-être mort en 1952, mais son esprit et ses enseignements vivaient au quotidien dans ses livres et par l'intermédiaire de la Self-Realization Fellowship qu'il avait fondée pour poursuivre son œuvre.

Le soir, je relisais des chapitres d'*Autobiographie d'un Yogi* et j'étais constamment inspirée par les nombreuses et solides relations élève-enseignant (disciple-gourou) décrites dans ces pages fascinantes. Plus précisément, la relation entre Paramahansa et son gourou éclairé, Sri Yukteswar Giri; celle entre Sri Yukteswar et son propre gourou, Lahiri Mahasaya; et la relation entre Lahiri et *son* gourou, Mahavatar Babaji.

Bien qu'étant comptable, Lahiri était un homme profondément spirituel à la recherche de Dieu. Sa vie a radicalement changé quand il a rencontré Babaji lors d'une randonnée solitaire sur un chemin de montagne dans l'Himalaya en 1861. Babaji, un être pleinement réalisé, dépasse à la fois l'entendement humain et les lois de l'espace et du temps, se matérialisant ou se dématérialisant à son gré. Certains croient qu'il vit sous une forme humaine depuis des milliers d'années et qu'il a guidé de nombreux prophètes dans leurs missions. Et il avait effectivement une mission pour Lahiri : redonner au monde le Kriya Yoga.

Dans *Autobiographie*, le Kriya est décrit comme une science ancestrale jalousement gardée qui permet au disciple assidu de devenir un être réalisé en Dieu par une méditation yogique spéciale qui dynamise le corps, stimule les chakras et éveille le « troisième œil » ou conscience du Christ. Le Kriya a été découvert par les sages éclairés de l'Inde il y a des millénaires; il se trouve dans des écrits inspirés de textes védiques sacrés et consignés dans les Yoga Sutras. Le Seigneur Krishna a fait l'éloge de la pratique du Kriya dans la Bhagavad Gita, la bible hindoue, et certains disent que Jésus et ses disciples connaissaient le Kriya. Mais la connaissance du Kriya s'est perdue durant le haut Moyen Âge et a été complètement oubliée pendant des siècles.

Babaji a initié Lahiri au Kriya et lui a demandé de transmettre la « clé » du Kriya seulement à ceux qui cherchaient véritablement Dieu. Lahiri a enseigné le Kriya à Sri Yukteswar, qui l'a transmis à Paramahansa. Babaji a ordonné que le Kriya soit diffusé en Occident par Paramahansa, ce qu'a fait ce dernier quand il s'est embarqué pour l'Amérique en 1920. Il a fondé la Self-Realization Fellowship en Californie pour combler le large fossé philosophique séparant la spiritualité de l'Orient de celle de l'Occident, et pour mettre le Kriya à la disposition de tous, quelles que soient leur religion, leurs convictions ou leur nationalité.

Tout le monde au Centre suivait les enseignements de Paramahansa et pratiquait le Kriya, comme le faisaient des milliers de personnes en Amérique du Nord, y compris de nombreuses célébrités comme Greta Garbo, George Harrison, Elvis, et même Mahatma Gandhi, qui avait reçu le Kriya directement de Paramahansa. L'incroyable saga de l'apparition du Kriya dans la culture occidentale est exposée sur la couverture de l'album des Beatles *Sgt. Pepper*, qui montre les visages et la lignée directe des gourous du Kriya : Babaji, Lahiri, Sri Yukteswar et Paramahansa.

L'histoire de Lahiri racontée dans *Autobiographie* me parlait directement parce que, même en étant un être réalisé capable d'accomplir des prouesses miraculeuses, il a poursuivi son activité professionnelle, restant un bon mari et un bon père de famille pour ses cinq enfants. Je trouvais rassurant de ne pas avoir à vivre dans un ashram ou dans une grotte de l'Himalaya; les travailleurs ordinaires pouvaient eux aussi trouver la divinité, à condition que leur quête émane d'un cœur et d'un esprit ouverts. Et, selon la sagesse des saints et des êtres éclairés d'*Autobiographie* (et de Ghanshyam, également !), la manière la plus rapide et la plus efficace d'ouvrir à Dieu notre esprit et notre cœur est par la méditation et la pratique régulière du Kriya Yoga.

J'étais déterminée à incorporer le Kriya dans ma vie. Mais je devais d'abord faire les exercices spéciaux conçus par Paramahansa. Lorsque j'ai reçu les leçons de la SRF, que j'avais demandées après mes premières consultations avec Ghanshyam, j'ai pratiqué les exercices de rechargement recommandés, chaque matin et la plupart des soirs. Ghanshyam avait raison : il ne s'agissait pas d'un simple programme de conditionnement physique; ils envoyaient effectivement l'énergie cosmique positive le long de ma colonne vertébrale. Plus je pratiquais, moins je me sentais gouvernée par mon énergie nerveuse. Ma colonne vertébrale s'est redressée et ma respiration est devenue plus profonde et plus détendue.

Les leçons de la SRF incluaient aussi un exercice de concentration appelé *Hong-Sau*, qui m'a aidée à me focaliser sur ce que je recherchais, c'est-à-dire devenir une meilleure personne et à éviter les sautes d'humeur et les distractions causées par les émotions. J'ai également commencé à pratiquer la méditation, en débutant par la technique fournie dans les leçons et appelée méditation *Aum*. Le son *Aum* est décrit dans *Autobiographie* comme la force créatrice fondamentale ou la « vibration qui se réverbère dans tout l'univers ». Je sentais cette vibration positive monter en moi chaque fois que je m'asseyais dans le calme et que je laissais la belle sonorité résonner dans mon esprit.

Une fois que j'ai commencé à méditer, je ne voulais plus aller « dans le noir » ni quitter mon corps. Je réalisais que mon arme secrète avait été un moyen nécessaire mais temporaire d'échapper à ma détresse, mais que ma souffrance serait toujours là le matin. Dans la méditation, j'étais capable de dissoudre ma tristesse et mon angoisse et de les remplacer par un calme et une paix qui restaient avec moi toute la journée. La méditation n'a pas fait disparaître mes problèmes ou mes « 12 faiblesses », mais elle m'a certainement aidée à les mettre en perspective et à commencer à y remédier. Méditer consistait à établir un fondement spirituel pour se préparer à recevoir la joie.

Pour être « initié » au Kriya, la pratique régulière des exercices de rechargement, de la technique *Hong-Sau* et de la méditation *Aum* est une condition préalable requise par la SRF, la seule organisation sanctionnée par Paramahansa pour enseigner le Kriya. Le Kriya est considéré comme un outil spirituel tellement puissant qu'un candidat doit avoir fait au moins une année complète de travail préparatoire avant d'être jugé prêt à recevoir la technique. C'est comme l'entraînement exigé pour un marathon ou pour l'ascension d'un sommet : il faut y aller doucement, pour ne pas se blesser.

L'initiation au Kriya est offerte aux étudiants une fois par an lors de cérémonies spéciales tenues dans certaines villes. Au cours de la cérémonie, un ministre ordonné par la SRF effectue une *diksha* sur l'initié, c'est-à-dire un baptême spirituel destiné à éveiller le troisième œil au centre du front lors d'un transfert manuel d'énergie divine. C'est une grande bénédiction pour ceux qui sont à la recherche de Dieu, et elle était particulièrement importante pour moi.

J'ai terminé mes leçons en 12 mois, juste à temps pour la cérémonie d'initiation de cette année-là à Toronto. Ghanshyam, Peter, Kathy et le reste de la troupe se sont entassés dans deux voitures et ont pris la route pour Toronto afin de m'apporter leur soutien et pour célébrer après coup. Nous sommes arrivés la veille de l'événement et je suis allée m'inscrire en faisant la queue avec une multitude d'autres initiés.

« Je suis désolée, a dit la responsable des inscriptions quand mon tour est venu, mais votre nom ne figure pas sur la liste. »

Apparemment, vu que j'avais commencé mes leçons en français mais que j'étais ensuite passée aux leçons en anglais quand mes compétences linguistiques s'étaient améliorées, mon nom s'était perdu dans la paperasserie et les formalités administratives.

« Vous devrez attendre l'an prochain pour être initiée. »

Quel coup terrible ! J'avais tellement travaillé et attendu si longtemps pour atteindre ce point de départ que ça me faisait mal de devoir reporter cette grande aventure à plus tard. Ghanshyam et Kathy m'ont dit de méditer et de ne pas m'inquiéter. Ils sont allés voir le Frère Ramananda, le moine supérieur chargé de procéder à la cérémonie ce week-end-là, et lui ont demandé de faire une exception et de me permettre d'être initiée. Il ne pouvait rien faire, leur a-t-il dit. S'il ne recevait pas du siège de la SRF, à Los Angeles, une approbation en bonne et due forme à la première heure le lendemain matin, je devrais attendre l'an prochain.

Cette nuit-là, j'ai rêvé de Lahiri Mahasaya, qui avait reçu le Kriya de Babaji plus d'un siècle auparavant en haut de l'Himalaya et que je considérais comme le gourou du travailleur ordinaire. Dans mon rêve, Lahiri s'approchait de moi en portant sur ses épaules trois barres de chocolat : deux barres étaient assez petites et la troisième était énorme. Il m'a donné les trois barres. Même dans mon rêve, j'ai compris que les deux petites barres représentaient les techniques *Aum* et *Hong-Sau*, et que la grosse barre de chocolat était le Kriya. Le matin venu, je savais en me réveillant que j'allais être initiée ce jour-là. Quand je suis arrivée à la cérémonie, le Frère Ramananda m'a souri, m'a dit qu'il venait de recevoir l'autorisation nécessaire et m'a accueillie à bras ouverts.

La cérémonie avait une solennité et une beauté qui m'ont donné les larmes aux yeux. Lorsque le ministre a touché mon front et a réalisé la *diksha*, j'ai senti des picotements dans ma colonne vertébrale et j'ai eu l'impression de planer vers le ciel :

c'était comme si l'on retirait de mes épaules le poids des années de doute, de peur, d'insécurité et d'anxiété.

J'avais lutté pour changer et, maintenant, je sentais que je pouvais le faire. C'était un nouveau départ.

11

L'esprit de famille

JE SUIS REVENUE TRIOMPHANTE du salon ésotérique de Toronto : après deux années à étudier la chirologie, j'avais fait ma première consultation et j'étais officiellement chirologue. J'étais, bien sûr, encore novice et j'avais des années d'apprentissage devant moi et, pourtant, j'étais chirologue et c'était merveilleux. Après cette première consultation (que j'avais faite en anglais !), mes blocages et mes craintes ont commencé à fondre. J'étais prête à passer au niveau suivant et à utiliser mes compétences au service des autres.

Ghanshyam m'a suggéré de débuter par de brèves consultations lors de festivals de rue locaux où le Centre avait un stand. Les débuts de ma nouvelle carrière dans les rues de Montréal étaient exaltants. Je me souvenais de mon premier contact avec cette ville quand je rêvais de réussir dans l'industrie de la télévision, qui m'avait finalement laissée sans âme et sans inspiration. Maintenant, mon travail consistait à inspirer les âmes et à aider les gens à réaliser leurs rêves.

Les festivals de rue étaient colorés et grouillaient de monde. J'aimais être entourée par autant de mains pas encore analysées, chaque main étant remplie de défis et de possibilités uniques et m'offrant l'occasion d'apprendre et d'aider.

Ma première cliente, une jeune femme que j'appellerai Suzette, était dans le début de la vingtaine. Elle avait une main conique et rectangulaire qui suggérait qu'elle devait avoir des aptitudes artistiques et être davantage régie par les émotions que par le côté pratique des choses. Elle présentait un réseau désordonné de lignes qui se coupaient et se bloquaient mutuellement, ce qui me portait à croire qu'il y avait beaucoup de conflits et de stress dans sa vie. Son doigt du Soleil, qui était court et penché vers Saturne, traduisait un manque de confiance en elle et en ses propres réalisations. C'étaient là des sentiments que je ne connaissais que trop bien.

Comme la séance ne durait que 15 minutes, je voulais mettre l'accent sur les aspects les plus positifs de sa main.

« Regardez ce bel anneau de Vénus », ai-je dit en attirant son attention sur la jolie ligne formant un demi-cercle entre son doigt de Saturne et son doigt du Soleil, comme un sourire illuminant le haut de sa paume perturbée.

« Cela me dit que vous avez beaucoup de créativité… mais certaines de vos autres lignes indiquent que vous pourriez avoir du mal à l'exprimer. »

Suzette a hoché la tête et m'a dit que j'avais raison; elle était étudiante en art, mais avait l'impression que cela ne la menait nulle part et elle songeait à abandonner ses études. Souhaitant une consultation plus longue, elle a pris plusieurs rendez-vous pour me voir au Centre, devenant ainsi ma première cliente régulière.

Ma carrière a décollé plus rapidement que j'aurais pu l'imaginer ou l'espérer. Heureusement, je pouvais toujours compter sur les conseils et le soutien de Ghanshyam et de Kathy quand je devais discuter d'une empreinte ou d'un thème compliqués. Leur expertise, leur gentillesse et leur assurance m'ont donné le courage et la confiance dont j'avais besoin pour m'épanouir. Malgré tout, même aujourd'hui, je ressens toujours un peu d'anxiété chaque fois que je m'assois avec un client. J'ai les jambes qui se font des nœuds sous mon bureau, mais je ne montre jamais ma nervosité sur mon visage. J'ai appris à faire confiance à ce que me disent les lignes, et je sais que mon rythme cardiaque rapide est un signe d'enthousiasme, pas de peur. Une fois que la consultation a commencé, je me détends, je décroise les jambes, je suis heureuse de me rendre utile et j'y prends plaisir. Et quand je vois qu'en partant, les gens se sentent mieux et qu'ils comprennent davantage leur comportement, je suis aux anges. C'est là que je vois le miracle de la chirologie à l'œuvre.

J'ai eu ce sentiment après mes consultations de suivi avec Suzette. Quand elle est venue au Centre, ses empreintes ont réaffirmé sa puissante énergie créatrice ainsi que ses blocages et son manque de confiance en elle. Et son thème astral a révélé des conflits dans les maisons relatives à la famille.

« Mes parents ont toujours préféré ma sœur, m'a-t-elle avoué. Pour eux, elle ne peut rien faire de mal. Mais tout ce que je fais n'est jamais assez bien, même pas mes créations. »

Suzette se considérait comme une ratée et comptait abandonner ses études d'art, épouser un homme que ses parents désapprouvaient, et vivre de petits boulots.

En regardant de plus près sa ligne du Soleil, j'y ai vu une grande étoile, ce qui indiquait le potentiel d'avoir beaucoup de succès si elle suivait sa passion, c'est-à-dire l'art. Nous avons parlé de sa perception du monde, avons fixé des objectifs pour lui permettre de canaliser son énergie et déterminé la meilleure manière de réaliser sa passion. Après quelques consultations, elle a décidé de rester à l'école une année de plus jusqu'à ce qu'elle trouve un emploi gratifiant en tant que graphiste. Six mois après sa série de consultations, ses lignes avaient changé pour le mieux.

L'analyse des mains de Suzette m'a rappelé quelque chose que Ghanshyam m'avait dit lors d'une de nos premières consultations, à savoir que la chirologie est particulièrement utile pour la prévention et les changements positifs. Et pour accomplir des changements positifs et éviter que la vie nous empêche de progresser ou de réaliser nos rêves, il est essentiel de s'entourer d'amis et de membres de la famille affectueux, positifs et solidaires. C'était le genre d'amis solidaires que je m'étais faits au Centre et qui étaient maintenant une famille pour moi.

Kathy et Peter m'invitaient souvent à la maison de leurs parents pour le dîner, et M. et Mme Keogh m'accueillaient dans leurs cœurs et dans leur maison comme si j'étais une de leurs filles. La maison était toujours remplie de gens, de nourriture et de musique, avec Frank Sinatra en fond sonore. Comme mon père, M. Keogh avait un excellent sens de l'humour et Mme Keogh ne pouvait pas être plus douce ni plus obligeante. Elle m'aimait beaucoup et m'encourageait à poursuivre mon rêve de devenir chirologue. La sœur de Kathy et de Peter, Anne-Marie, et leur frère, Brian, me traitaient également comme un membre de la famille, et nous sommes devenus de bons amis.

Parfois le dimanche, nous allions chez Ghanshyam pour nous régaler de délicieux mets indiens préparés par son épouse, Chanchala, et passer du temps avec leurs trois enfants.

Mais l'une de mes rencontres préférées était quand mes deux familles se réunissaient : Ghanshyam, Kathy, Peter et moi allions rendre visite à mes parents à Valleyfield, et maman nous préparait sa spécialité, c'est-à-dire le poulet au four avec des légumes. La barrière de la langue n'a jamais été un problème à table parce que nous finissions par rire plus que nous parlions. Après le dîner, nous descendions au sous-sol pour jouer aux *poches*, jeu qui consistait à lancer des petits sacs de sable à travers les trous d'une cible. Kathy, qui avait un pouvoir de concentration impressionnant, gagnait habituellement haut la main.

Au cours de mes premières années à exercer la chirologie, j'ai pu compter sur les liens solides que j'avais formés avec ma famille au Centre quand la tragédie s'est abattue sur ma famille à Valleyfield.

À la fin de 1986, des tests ont permis de diagnostiquer que mon père avait un cancer de l'œsophage, mais il ne l'a jamais su. Papa craignait tellement le cancer et avait une nature si sensible et si émotive que le médecin et ma mère ont convenu que, s'il était au courant de la gravité de sa maladie, il se verrait au bout du rouleau et renoncerait à se battre. Papa savait seulement qu'il avait une masse dans la gorge et nécessitait un traitement pour se la faire enlever.

Peu de temps après le diagnostic, Maman et Papa sont venus au Centre pour leur première consultation avec Ghanshyam.

Papa était de bonne humeur quand il est arrivé, et mon anglais était suffisant pour que j'assiste à titre d'interprète. J'étais épatée de voir à quel point mon père appréciait maintenant la chirologie. Il avait été témoin de l'amélioration radicale qu'elle avait apportée dans ma vie et il admirait et respectait Ghanshyam et son travail. Papa et Ghanshyam plaisantaient souvent ensemble quand ils se voyaient, mais pas cette fois. Quand Papa s'est assis pour sa consultation, il était aussi sérieux qu'à l'église et il a écouté respectueusement tout ce que Ghanshyam avait à dire.

« Tu es un véritable artiste dans ton travail, Lionel, un artisan authentique, a dit Ghanshyam en étudiant les empreintes et le thème de Papa. Et tu travailles très dur. Tu aurais pu réussir en tant qu'entrepreneur indépendant si les circonstances l'avaient permis, au lieu de travailler pour les autres. »

À cette époque, Papa avait déjà pris sa retraite et il appréciait qu'on valide ses compétences. Il était extrêmement artistique dans sa menuiserie et avait construit beaucoup de belles maisons au fil des ans. S'il ne s'était pas autant dévoué à sa famille depuis son enfance, je suis sûre qu'il aurait lancé sa propre entreprise avec énormément de succès.

« Cette ligne ici est la ligne d'assistance à la vie : elle te donne beaucoup de soutien et d'endurance », a déclaré Ghanshyam. Il a levé les yeux et a montré ma mère. « Cette aide te vient de ta femme, et tu dois l'écouter. »

Papa a ri. Maman avait toujours été sa plus grande admiratrice. Elle le poussait constamment à mieux manger et essayait d'améliorer son état de santé en le nourrissant de légumes ce que, amateur de viande et de pommes de terre qu'il était, il avait toujours combattu.

Après la consultation, Ghanshyam a pris Maman à part.

« S'il te plaît Laurette, je comprends ta peine, mais ne pleure pas devant lui. Et la nuit, ne l'imagine pas mort. Il dort à côté de toi et il sentira ce que tu penses. Il est très, très sensible et ça pourrait l'affaiblir. Mais si tes pensées et tes actions sont positives, il va vivre plus longtemps, et je sais que tu veux le garder auprès de toi aussi longtemps que possible. »

Maman a serré Ghanshyam dans ses bras et a pris ses conseils à cœur. Quel que soit l'état de Papa dans les mois suivants, elle ne l'a jamais traité comme un malade et a fait tout son possible pour qu'il garde le moral. Quand elle remarquait qu'il perdait du poids, elle se levait au milieu de la nuit et, armée d'un fil et d'une aiguille, elle retouchait secrètement chaque paire de pantalons qu'il possédait. Quand il se pesait, elle appuyait discrètement le pied derrière lui sur la balance pour qu'il paraisse plus lourd. Quelques mois plus tard, quand j'ai de nouveau pris les empreintes de Papa, sa ligne d'assistance à la vie s'était considérablement renforcée, grâce aux efforts de Maman !

Et peut-être les efforts de Ghanshyam, aussi. Après la consultation de mes parents, Ghanshyam a demandé à Papa de construire un bureau pour la réception. C'était très gentil de sa part et j'ai été touchée. Je pouvais voir que Ghanshyam cherchait des moyens de tenir Papa occupé et de détourner son esprit de sa maladie. Et, bien sûr, Papa a construit un bureau absolument magnifique qui dissimulait élégamment tous les téléphones, télécopieurs et imprimantes, et a trôné au Centre de Chirologie pendant des années. Une fois le bureau terminé, Ghanshyam a trouvé d'autres projets pour occuper Papa, y compris un bureau pour Kathy qu'elle adorait et qui était parfait pour son travail.

Environ un an après le diagnostic de mon père, je me suis réveillée un matin, prise de nausées très désagréables. C'était le 18 janvier 1988, et je me souviens de ce matin-là comme si c'était hier. Je suis allée travailler mais, l'après-midi, j'étais plus mal en point et ma paupière droite palpitait. Selon une branche de l'astrologie védique, une paupière gauche qui palpite chez une femme est de bon augure alors que, si c'est la paupière droite, c'est mauvais signe.

Dans l'après-midi, Maman m'a appelée au bureau.

« Guylaine, assieds-toi. J'ai de mauvaises nouvelles. »

« Qu'est-ce qui est arrivé, Maman ? »

« C'est Normand... il est mort. »

Normand conduisait un énorme camion de transport quand il a eu une crise cardiaque au volant. Il a réussi à s'arrêter sur le bord de la route pour éviter de heurter d'autres véhicules, puis il est tombé mort sur le volant. Il avait 36 ans.

Mon estomac s'est noué, tandis que mon cœur se brisait en pensant à ma sœur Mimi. Elle était profondément amoureuse de Normand depuis qu'ils s'étaient rencontrés quand j'étais adolescente. C'était un gars formidable. Je me suis souvenue de l'époque où il avait promis d'arranger les choses entre Papa et moi quand je suis partie à Paris, et il l'avait fait. Je pensais aussi à son dévouement pour Mimi et leurs enfants. Il était resté attentif et altruiste jusqu'à la fin. La dernière chose qu'il avait faite dans la vie était de protéger les autres en arrêtant son véhicule sur le bord de la route avant de mourir.

Maintenant, il était parti et Mimi, veuve à 32 ans, restait à élever deux enfants en bas âge : Danny qui avait 5 ans et Jessica qui, à 2 ans, apprenait à peine à parler. Ça semblait tellement injuste. Je ne pouvais pas supporter l'idée de la souffrance de ma sœur et je me suis précipitée à Valleyfield pour être avec elle.

Mimi pleurait désespérément et nous étions tous là pour la soutenir. Plus tard, je suis allée chercher la petite Jessie dont s'occupait une voisine. Je l'ai emmitouflée dans son habit de neige et ramenée à la maison. Sur le chemin du retour, elle a levé les yeux vers le ciel de nuit et a déclaré de sa jolie petite voix douce :

« Regarde, Guylaine ! Les étoiles... elles nous parlent ! »

« Mais oui, mon bébé, les étoiles nous parlent, et ton papa aussi », ai-je répondu à travers mes larmes. Je la serrais fort, voulant la protéger contre les souffrances qui l'attendaient.

Lors de l'enterrement, deux douzaines de collègues de Normand sont arrivés au cimetière dans leurs gros camions 18 roues. Une fois qu'il a été inhumé, ils lui ont dit adieu en klaxonnant tous ensemble dans leurs camions. Le son a résonné au-dessus de nous comme une centaine de trompettes hurlantes et pouvait être entendu à des kilomètres de là. Cela nous a fait frémir, cette fraternité qui se réunissait pour pleurer un des leurs. Tout le monde a éclaté en sanglots, et la pauvre Mimi était inconsolable. À la réception qui a suivi, Ghanshyam a pris sa main dans la sienne pour la réconforter.

« Ne t'inquiète pas, Mimi, a-t-il dit doucement, en regardant sa paume, quelqu'un va venir dans ta vie pour t'aider. »

Mimi l'a embrassé sur la joue et s'est sauvée. Nous avons tous été choqués par ce qu'il disait. Cela ne semblait être ni le moment ni l'endroit. Mais je sais maintenant que ma sœur avait besoin de force et d'espoir pour traverser cette journée. Ghanshyam avait clairement vu cet espoir dans ses lignes et se devait de le lui dire. Et il avait raison; quelques années plus tard, quelqu'un est effectivement entré dans la vie de Mimi et l'a rendue heureuse.

Après la mort de Normand, l'état de mon père s'est détérioré et, à l'automne 1988, il a été admis dans un hôpital de Montréal pour un mois. Je lui rendais visite tous les soirs et je lui massais les pieds. Il m'attendait avec la bouteille d'huile de moutarde et, quand nous avions terminé, il me présentait à ses nouveaux amis. Il connaissait tous les patients et leur racontait ses vieilles blagues pour les faire rire. Il devait être terrifié par ce qu'il vivait lui-même, mais c'était bien digne de Papa de veiller à ce que les gens autour de lui ne perdent pas courage et se sentent rassurés.

Un soir, tandis que je lui massais les pieds avec l'huile de moutarde, il m'a regardée avec beaucoup de tendresse et a murmuré :

« Guylaine, je t'aime. »

« Moi aussi, Papa. Moi aussi. »

En rentrant chez moi ce soir-là, j'ai fondu en larmes dans l'autobus. Papa n'avait jamais pu exprimer ses sentiments par des mots, mais il nous avait toujours prouvé son amour par ses actes, assurant notre bien-être à n'importe quel coût pour lui. J'étais bouleversée de l'entendre exprimer son amour pour moi alors qu'il était au bout de ses forces. Son esprit était tellement plus fort que le mien.

Quelques semaines plus tard, j'étais au Centre en train de préparer nos envois de Noël quand Mimi a appelé de Valleyfield.

« Papa vient d'être transporté à l'hôpital. Il ne va pas bien du tout, Guylaine. »

J'ai compris ce que cela signifiait et je suis immédiatement partie. Toute la famille était au chevet de Papa quand je suis arrivée. Il avait l'air si petit et si vulnérable, mais il était heureux que je sois là et m'a souri faiblement quand j'ai pris sa main. Il m'a demandé des bonbons et, comme je me tournais pour lui en donner, mon frère Réjean a posé doucement la main sur mon bras.

« Il ne peut rien avaler, a-t-il chuchoté, il doit subir une intervention demain matin pour qu'on lui insère un tube dans la gorge, en permanence. À partir de maintenant, il sera nourri par un tube. »

Mon Dieu ! Mais c'est affreux de vivre ainsi ! J'ai enfoui mon visage dans l'épaule de Réjean. Papa aimait trop vivre, manger et jaser pour continuer à vivre de cette façon. Dieu merci, il n'a pas eu à le faire; il est mort dans son sommeil cette nuit-là à l'urgence.

Nous l'avons enterré le 23 décembre et avons célébré la veille de Noël la nuit suivante, pour les petits-enfants et parce que c'était ce que Papa aurait voulu. Pendant l'échange de cadeaux, Gaston a ouvert un cadeau que Papa lui avait laissé sous l'arbre de Noël. C'était un gant de fourrure avec un grattoir à glace en plastique cousu à l'extrémité. Papa l'avait enveloppé pour que ça ressemble à un animal à fourrure essayant de se glisser hors de la boîte. Nous avons tous éclaté de rire… avant d'éclater en sanglots. C'était l'humour typique de Lionel et il nous manquait déjà terriblement.

Mais il était là avec nous, en esprit et dans chaque petit morceau de brique ou de bois qu'il avait utilisé pour construire notre maison. Pendant des années après sa mort, Maman a continué à trouver des petits cadeaux et des mots d'amour qu'il avait cachés pour elle dans tous les coins et recoins de la maison. Une note disait : « Je suis peut-être parti, mais je suis toujours avec toi. »

C'était exactement ce que je pensais pendant le trajet de retour à Montréal, après les Fêtes. Je me souvenais de la maisonnette que Papa avait construite pour moi dans notre cour à Lancaster, quand j'avais 2 ans. Je portais toujours dans mon cœur le bonheur que cette petite maison m'avait donné, et dorénavant Papa y serait aussi.

12

L'art de la chirologie

$\mathcal{P}$ERDRE DEUX MEMBRES DE la famille en moins d'un an a été un douloureux rappel du peu de temps dont nous disposons pour exprimer notre amour et réaliser nos rêves. J'aimais pratiquer la chirologie et je rêvais de la maîtriser, mais plus j'étudiais, plus j'appréciais son immensité et sa complexité. Et comme j'approchais de la trentaine, je me demandais si une seule vie suffirait pour réaliser mon rêve.

C'est alors que Ghanshyam m'a dit quelque chose qui m'a fait repenser mon approche de la chirologie et de la vie et m'a donné un nouveau point de vue des deux.

« Si tu veux être une excellente chirologue, tu dois respirer, marcher et dormir en baignant dans la chirologie. Elle doit faire partie de toi. Tout comme le véritable artiste est amoureux de son art, cet amour de la chirologie doit devenir le centre de ta vie. »

Ses paroles m'ont touchée profondément. Dès lors, j'ai consacré ma vie à l'art de la chirologie, en privilégiant chaque instant. Les prochaines années ont été marquées par des progrès personnels et professionnels rapides, tant pour le Centre que pour moi.

Pour ne pas dévier de mon objectif, j'ai commencé à faire de la méditation quotidienne à l'aide de mantras, ce qui est devenu une grande passion. Ghanshyam m'a appris à réciter le Mantra Gayatri qui, grâce à sa beauté intemporelle, peut puiser dans le Divin et revitaliser chaque cellule de notre corps. Je l'invoquais chaque fois que mon esprit vagabondait. J'ai dû le réciter 100 000 fois au fil des années, que ce soit en attendant mon tour au supermarché, dans l'autobus ou assise sur le fauteuil du dentiste, c'est-à-dire des occasions parfaites de transformer mes périodes d'inactivité forcée en des moments de paix et de perfectionnement personnel.

Pour mieux comprendre les racines spirituelles du *Hast Jyotish*, j'ai commencé à lire les anciens textes védiques : le Ramayana, le Mahabharata et la traduction de la Bhagavad Gita faite par Paramahansa. La sagesse émanant de ces récits épiques me faisait passer des nuits à méditer sur la dualité de l'existence, la fragilité de la nature humaine et la noblesse de l'esprit humain.

Je me plongeais à fond dans mon travail, ne ratant jamais une occasion de suivre un cours avec Ghanshyam et Kathy et faisant de plus en plus de consultations, de manière à lentement me créer ma propre liste de clients réguliers. Ma passion pour la chirologie grandissait de semaine en semaine et je passais plus de temps au Centre qu'à la maison où je ne rentrais pas toutes les nuits. Pour me remercier de mon dévouement, Ghanshyam a fait installer au Centre une douche et un petit cabinet de toilette, que j'appréciais beaucoup et que j'utilisais fréquemment les nuits où je travaillais ou étudiais jusqu'à l'aube.

Certains de mes clients étaient tellement fascinés par l'étrange aptitude de la chirologie à identifier leurs traits de caractère et leurs motivations que je finissais par passer plus de temps à leur expliquer les rouages de la chirologie qu'à lire leurs mains. Mais ça ne les dérangeait pas, et moi non plus. En fait, j'aimais enseigner la chirologie et je ne voulais pas m'arrêter là.

À la suggestion de Ghanshyam, j'ai commencé à donner un cours d'initiation à la chirologie et, plus tard, à ma grande joie, j'ai pu faire équipe avec Kathy, mon idole de l'enseignement. Nous formions une équipe bilingue : elle donnait un cours en anglais pendant la semaine sur une caractéristique spécifique de la main, puis je donnais le même cours en français le samedi matin. Nous avons offert de cette façon une série entière qui a remporté un énorme succès auprès des clients, devenant un événement à part entière.

Les cours faisaient toujours salle comble, tout en étant très intimes. Les étudiants créaient des liens entre eux, s'échangeaient leurs numéros de téléphone et étaient toujours prêts à socialiser. L'un d'eux a commencé à apporter sa guitare et à faire chanter tout le monde avant la classe. Chaque étudiant apportait une gâterie à partager avec les autres. Denise Parisé, qui occupait un poste à responsabilité dans un cabinet comptable international, achetait fidèlement des beignes tous les samedis, ne ratant jamais une classe, sauf une fois. C'était un atelier sur Saturne et je ne voulais pas qu'elle prenne du retard. Lorsque je l'ai appelée pour lui donner quelques notes de rattrapage, elle a fondu en larmes.

« Oh, Guylaine, je suis désolée. J'adore les cours de chirologie, mais je devais travailler. Je déteste mon travail. Je ne sais pas quoi faire ! »

« Denise, je comprends ce que tu ressens, lui ai-je dit. Viens voir Ghanshyam, il m'a aidée et je suis sûre qu'il t'aidera aussi. »

Denise a pris plusieurs rendez-vous avec Ghanshyam et, ce faisant, elle est devenue l'une de nos élèves modèles et n'a plus jamais manqué de classe. En un rien de temps, elle a quitté son emploi bien rémunéré et s'est jointe au Centre pour le plaisir de travailler (pour un maigre salaire, comme le reste d'entre nous !). Quelques mois plus tard, Ghanshyam a eu une influence similaire sur l'existence de Johanne Riopel, une traductrice professionnelle qui avait étudié la chirologie à l'adolescence, mais l'avait mise de côté quand elle était entrée à l'université. Comme Denise, elle avait une belle carrière, mais était malheureuse. Après quelques consultations avec Ghanshyam à Toronto, elle a déménagé à Montréal et a renoué avec son amour pour la chirologie. Elle s'est inscrite à tous nos cours de chirologie et a bientôt rejoint notre petite famille au Centre.

Ghanshyam avait établi le Collège de chirologie védique Birla au Centre en 1975 et nous ajoutions constamment des cours au programme. Nous avons travaillé fort pour créer un programme de niveau universitaire qui serait un jour reconnu par le gouvernement du Québec et le gouvernement fédéral et veillerait à ce que les diplômés soient préparés à une carrière de chirologue professionnel. C'est le seul programme de ce genre qui existe hors de l'Inde.

L'enseignement n'avait jamais été l'une de mes ambitions, mais la pratique de la chirologie et de la méditation avait créé de nouvelles connexions neurales dans mon cerveau et je me découvrais des talents cachés. Rien ne me donnait plus de satisfaction ou de fierté que de voir une lueur de compréhension apparaître dans les yeux d'un étudiant quand il saisissait à quel point la chirologie pouvait changer des vies et qu'il reconnaissait sa beauté subtile et élégante.

Mais personne n'était plus fier de moi que ma mère, quand elle est venue assister à l'un de mes cours un samedi matin lors d'une visite à Montréal. Assise au premier rang, elle rayonnait de joie et je pouvais voir mon propre bonheur reflété dans son visage souriant.

« Mon rêve est devenu ta réalité, ma belle fille !, m'a dit Maman plus tard. Guylaine, tu es née pour enseigner. Tu inspires tout le monde. » Son soutien m'était plus précieux que l'or. Elle avait elle-même rêvé d'être enseignante et l'aurait probablement été si elle en avait eu la possibilité. Dès lors, elle a saisi toutes les occasions de venir en ville pour me voir enseigner.

« Je ne comprends pas toujours de quoi tu parles quand tu donnes ton cours, m'a-t-elle avoué, mais ce que tu dis me fait tellement de bien que je suis rechargée pour toute la semaine ! »

Avec sa longue ligne de tête, Maman était brillante et intuitive et comprenait plus que ce qu'elle laissait entendre, comme l'a confirmé ma sœur.

« Maman enseigne la chirologie à tous les voisins maintenant », m'a dit Mimi, amusée par l'enthousiasme de ma mère, lorsqu'elle m'a téléphoné de Valleyfield.

Nos cours étaient tellement en demande que Kathy et moi avons décidé d'en faire une tournée et d'enseigner dans les bibliothèques de la région. De nouveau, je me suis occupée des cours en français, tandis que Kathy les enseignait en anglais.

Les cours sont devenus aussi populaires auprès du grand public qu'au Centre. C'était un sujet surprenant pour les usagers de bibliothèque, mais une fois la glace rompue et un lien personnel établi par la lecture de quelques mains, les auditoires étaient aussi fascinés que nous par ce que peut révéler la chirologie sur nos vies.

Un jour qu'une erreur s'était glissée dans notre registre de rendez-vous, notre réceptionniste a fait irruption dans mon bureau pendant que j'étais au milieu d'une consultation.

« Guylaine ! La bibliothèque vient de téléphoner. La salle est comble et tout le monde n'attend que toi ! »

Oups !

J'étais prise toute la soirée par des consultations privées et, comme l'atelier était en français, Kathy ne pouvait pas me remplacer. Nous avons alors recruté Johanne, la dernière arrivée de l'équipe Birla. Ce serait son baptême du feu, mais nous avions une totale confiance en elle : Johanne avait un pouce d'une souplesse remarquable, qui la rendait ouverte et adaptable, et elle avait une splendide ligne de Mercure, prouvant son aptitude à la communication. Kathy l'a rapidement informée des empreintes dont elle aurait besoin et Johanne s'est précipitée à la bibliothèque, où elle s'est brillamment exécutée.

Comme nous attirions de plus en plus de clients et d'étudiants et avions besoin de plus d'espace, Ghanshyam a investi tout ce qu'il avait pour agrandir le Centre. À l'origine, c'était un bâtiment de deux étages, mais Ghanshyam, qui a les mains et les doigts spatulés d'un visionnaire pour qui aucun rêve n'est trop beau, a ajouté un troisième étage et a commencé à faire construire un amphithéâtre pour les grandes conférences et les séminaires publics.

Malheureusement, le bâtiment présentait des vices structurels cachés nécessitant des réparations importantes (et coûteuses) et l'amphithéâtre a dû être démantelé. Les trois étages fournissaient beaucoup d'espace pour augmenter la taille de nos classes de chirologie et d'astrologie et offrir des ateliers de yoga, de méditation, de gemmologie et de numérologie. Nous avons également créé une bibliothèque de textes védiques et ésotériques et une galerie d'empreintes particulièrement intéressantes. Nous avions amassé une collection étonnamment variée de personnes ayant une vie extraordinaire, qu'il s'agisse d'enfants prodiges, de victimes de violence et d'abus, d'aristocrates, d'agriculteurs ou de vedettes du cinéma. Pratiquement chaque situation ou circonstance pouvait être illustrée par une empreinte précise, ce qui constituait une ressource pédagogique précieuse. Nous avons également pris de l'expansion au-delà du bâtiment, et même du Québec, en ouvrant notre première succursale à Toronto pour renforcer notre présence dans le Canada anglais.

C'était une période passionnante. Nous influencions de nombreuses vies, mais nous voulions en toucher beaucoup plus et réaliser le rêve de Ghanshyam en faisant connaître la chirologie védique dans toute l'Amérique du Nord. Nous savions que le bouche à oreille seul ou la clientèle des bibliothèques ne seraient pas suffisants pour atteindre cet objectif; nous devions élargir notre portée. Je pouvais maintenant tirer parti de mon expérience dans l'industrie de la télévision et l'utiliser à bonne fin. À cette époque, la télévision était le meilleur moyen de rejoindre un vaste public et nous avons donc décidé de faire passer notre message sur les ondes. Nous avons appelé chaque station locale ou en réseau à Montréal et présenté notre idée d'émission sur la chirologie. C'était un concept nouveau et j'étais certaine qu'un jeune producteur dynamique finirait par souscrire à cette idée.

Notre première chance s'est présentée en 1992 lorsque Vidéotron, géant québécois de la câblodistribution, a accepté de diffuser une série de 13 émissions que nous avons appelée *Être bien dans sa peau*. À vrai dire, c'était une production à petit budget : pas de maquillage, pas d'assistants, pas d'équipe et pas de plateau. Il y avait une pièce nue, un bureau placé devant un rideau noir, une seule caméra, un technicien à temps partiel, et moi. Vidéotron, qui atteignait un énorme public, était notre tremplin vers les médias grand public, soit l'occasion de toucher des milliers de vies, et nous comptions en tirer le maximum.

Comme les segments étaient enregistrés tôt le matin, j'arrivais chez Kathy à l'aube. Elle m'aidait à trouver une tenue dans sa garde-robe, me coiffait et me maquillait pendant que j'avalais des toasts tout en passant en revue le scénario et les empreintes avec elle. Au moment de partir, Kathy me souhaitait bonne chance et m'offrait quelques bons conseils de dernière minute.

« Laisse parler les empreintes; chaque ligne a son histoire et tu es là pour raconter cette histoire. »

J'attrapais l'autobus 24 en direction du studio avec ma pile d'empreintes, me sentant un peu mal à l'aise parmi les travailleurs, vu mon maquillage excessif pour la télévision.

J'étais parfois nerveuse dans le studio, surtout quand le technicien me laissait seule avec la caméra pour courir filmer une autre émission, mais je suivais les conseils de Kathy : je laissais parler les empreintes. Et elles le faisaient admirablement.

Chaque émission de trente minutes avait un thème particulier, et nous utilisions des empreintes « avant » et « après » d'amis et de clients pour illustrer la manière spectaculaire dont nos lignes peuvent changer lorsque nous modifions nos pensées et nos actes. Dans un épisode intitulé *Votre ligne de tête est-elle votre meilleure amie ou votre pire ennemie ?*, nous nous sommes servis des empreintes du père de Kathy et de Peter pour montrer la façon dont nous pouvons allonger notre ligne de tête. Dans certains cas, une ligne de tête courte peut signifier que notre peur et notre insécurité nous empêchent d'exprimer notre plein potentiel. Une ligne de tête plus longue, surtout dans une main équilibrée, montre que nous avons trouvé le courage et la conviction de réaliser nos rêves.

M. Keogh était musicien dans sa jeunesse et il était très créatif, mais il avait passé la majeure partie de sa vie d'adulte dans la vente pour soutenir sa famille. Les empreintes que nous avons prises avant sa retraite révélaient une ligne de tête très courte. Cependant, à la retraite, il s'est lancé dans de nombreuses activités créatives, comme l'apprentissage du français, l'écriture et la poterie, parmi tant d'autres, et ses empreintes « après la retraite » ont dévoilé une ligne de tête beaucoup plus longue.

Dans un autre épisode intitulé *Santé et longévité*, j'ai utilisé les empreintes « avant » et « après » d'une jeune femme qui se droguait à l'héroïne. La première fois qu'elle est venue voir Ghanshyam, elle avait une ligne de vie étonnamment courte. Durant leurs consultations, il l'a aidée à trouver un but et une raison de vivre. Six mois plus tard, elle avait arrêté la drogue et préparait un diplôme en enseignement, et sa ligne de vie était beaucoup plus longue !

Être bien dans sa peau a été un succès instantané. Dès la fin du premier épisode, le téléphone du Centre n'arrêtait pas de sonner, que ce soit pour des rendez-vous ou des cours de chirologie. À la fin de la série, nous avions dix mois de rendez-vous en attente.

À partir du succès d'*Être bien dans sa peau*, nous avons poursuivi avec deux émissions supplémentaires : *Self-Discovery* et *À la portée de votre main*.

Self-Discovery était notre première émission en anglais, animée par Kathy. La plupart des membres du personnel du Centre y étaient les chroniqueurs : Ghanshyam et sa fille, Rekha, ont parlé de la chirologie védique, Peter a expliqué l'astrologie, j'ai décrit les propriétés curatives des gemmes, Johanne a abordé l'importance d'avoir une main équilibrée et Denise était le cobaye pour le segment massage ayurvédique. Tout le monde y a participé, et Kathy était si naturelle devant la caméra que l'émission a été reprise et diffusée dans tout le pays. Lorsque Rekha a déménagé dans l'Ouest, elle a été éberluée de se voir à la télévision en allant acheter du lait à l'épicerie du coin !

Les réactions ont été si positives qu'on nous a demandé de tourner *À la portée de votre main* devant un public, avec lignes ouvertes et des invités ayant des professions, des talents et des défis particuliers. L'émission abordait les questions sociales du jour à travers le prisme de la chirologie. Je montrais les empreintes de nos invités aux spectateurs qui étaient ensuite autorisés à poser des questions sur les empreintes et sur les invités. Notre épisode sur les femmes « en amour » a été particulièrement populaire. Il y avait un panel d'invitées qui comprenait une femme de carrière célibataire, une femme qui avait abandonné sa carrière pour son mari, une religieuse et une homosexuelle. Les choix et les convictions de chaque femme se reflétaient dans leurs empreintes, et elles ont parlé et débattu de leurs choix avec le public. L'émission nous donnait l'occasion de démontrer que la chirologie pouvait être utilisée efficacement lors d'une tribune publique servant à informer et à rassembler les gens.

Chaque fois que nous produisions une nouvelle série, notre liste de clients s'allongeait, signe certain que nous avions un impact et faisions passer notre message. Après quelques années d'émissions câblodiffusées, j'ai été invitée à l'émission *Claire Lamarche* qui, au Québec, était l'équivalent d'*Oprah*. C'était une émission en direct avec une énorme cote d'écoute et un vaste public en studio. Les producteurs voulaient me faire lire les empreintes de célébrités cachées derrière un écran sur scène.

Tout le monde était ravi au Centre ! Certains membres du personnel sont venus s'asseoir dans le public tandis que d'autres travaillaient dans les coulisses pour prendre les empreintes des célébrités dont un affecté à la chanteuse pop, Mitsou. Il était en train d'encrer les mains de la jeune et belle chanteuse, quand elle a fait l'objet d'une « défaillance vestimentaire », c'est-à-dire que son haut noir très ajusté s'est brusquement ouvert. Mitsou et mon collègue sont tous les deux restés figés, horrifiés et incapables de remédier à la situation vu que leurs mains à tous les deux étaient couvertes d'encre noire ! Ils ont dû demander de l'aide et, heureusement, Mitsou s'est mise à rire, faisant preuve d'un bon sens de l'humour. J'ai eu l'occasion de lire ses mains à quelques reprises les années suivantes.

J'avais certainement le trac avant l'émission, mais il a disparu dès que j'ai lu les empreintes de la chanteuse Judi Richards. Judi est une vedette à part entière, mais elle était (et est toujours) mariée à Yvon Deschamps, l'un des plus célèbres humoristes de l'histoire du Québec.

Le public pouvait voir Judi, mais pas moi, car elle était assise derrière l'écran quelques mètres plus loin. La première chose qui m'a frappée quand j'ai regardé ses empreintes était une longue ligne d'union, qu'on appelle aussi la ligne de mariage.

« Eh bien, ai-je déclaré, d'après cette empreinte, je peux vous dire que... derrière chaque grand homme se cache une femme vraiment formidable ! », Judy a éclaté de rire derrière l'écran et le public s'est joint à elle.

Après les empreintes de Judi, on m'a présenté celles de l'acteur Marc-André Coallier, qui était également caché derrière l'écran. Voyant sa ligne de destinée commencer à la base de sa paume très proche de la ligne de vie, j'ai dit : « Votre famille peut avoir une grande influence sur votre carrière. » Une fois de plus, le public a éclaté de rire. Tout le monde savait qu'il était entré dans le monde du spectacle en suivant les traces de son père, l'acteur-animateur Jean-Pierre Coallier.

Tout ce rire m'avait un peu décontenancée, mais quand j'ai regardé l'auditoire et vu Kathy, assise au premier rang, rire avec tout le monde, je savais que j'étais sur la bonne voie et que je m'en sortais très bien.

Après l'émission, les célébrités invitées m'ont dit combien elles étaient impressionnées par ce que j'avais vu dans leurs mains et, le lendemain, tandis que nous étions en route vers Toronto, nous avons entendu à la radio l'animateur Serge Bélair qui critiquait l'émission Claire Lamarche de la veille.

« Franchement, disait-il, si je décidais d'aller voir un chirologue, je consulterais certainement Guylaine Vallée. Elle sait de quoi elle parle. »

Quoi ? Je suis restée sans voix et, dès le lendemain, mon carnet de rendez-vous était plein pour le reste de l'année.

L'émission *Claire Lamarche* a mis la chirologie et le Centre à l'honneur; les entrevues avec des journalistes et les apparitions à la télévision et à la radio sont devenues une partie intégrante de mes activités, chacune offrant une occasion de plus de présenter la chirologie au public.

Mais nous avons aussi eu des occasions de nous éloigner des feux de la rampe et d'apporter la chirologie à des personnes considérées comme un danger public. Au milieu des années 90, un organisme de services sociaux nous a invités à lire les empreintes de détenus dans deux des prisons les plus notoires du Québec : l'établissement Archambault pour les hommes et le Centre de détention Tanguay pour les femmes.

Nous étions un peu hésitants au début; il y avait eu une émeute à Archambault quelques années plus tôt et plusieurs gardes avaient été brutalement assassinés. Mais si nous avions été attirés par la chirologie, c'était pour aider les gens, et les prisonniers, plus que n'importe qui, pouvaient réellement profiter de ce que révélaient leurs lignes. Leurs mains pourraient peut-être leur montrer pourquoi ils avaient fini derrière les barreaux et suggérer des moyens d'améliorer leur vie.

Nous avons calculé l'*hora* pour l'heure et le jour de notre première visite à la prison. (Un *hora*, qui signifie « heure » en sanskrit, est un instantané astrologique d'un moment et d'un lieu précis.) Selon nos calculs, à notre arrivée à Archambault, plusieurs planètes se trouveraient dans la 6e maison, celle de la résistance, des ennemis, des conflits et de l'emprisonnement. Quelle coïncidence !

Après avoir soumis au contrôle de sécurité notre sac qui contenait notre matériel à empreintes, Kathy, Peter et moi sommes entrés dans la zone commune où nous attendaient les détenus. Nous avons alors réalisé que nos craintes étaient injustifiées. La plupart des prisonniers, couverts de tatouages, étaient extrêmement sympathiques et nous ont accueillis avec des biscuits et des gâteaux.

Le premier prisonnier qui s'est approché de moi était un jeune homme d'un peu plus de 20 ans. Il avait l'air si doux et innocent que je ne pouvais pas imaginer qu'il puisse faire mal à une mouche. Mais quand nous sommes allés faire sa consultation dans un coin plus privé, j'ai remarqué deux gardes qui surveillaient nerveusement chacun de ses mouvements, et j'ai compris qu'il ne devait pas être aussi doux qu'il en avait l'air, et certainement pas aussi innocent.

« Bonjour, je suis Guylaine », ai-je lancé, en jetant un coup d'œil à ses empreintes. Comme on nous avait conseillé de ne pas demander ce qu'étaient leurs crimes, j'ai simplement dit : « Veux-tu me dire pour combien de temps tu es ici ? »

« Je suis ici à vie, a-t-il répondu. Ils disent que j'ai violé et tué quelqu'un. »

Un filet de sueur froide s'est mis à couler dans mon dos. Reprenant mon souffle, j'ai demandé :

« Oh… As-tu des remords ? »

« J'ai grandi dans un quartier dur, alors je devais être un dur », a-t-il vaguement expliqué; il était plus impatient d'entendre ce que ses mains avaient à dire que de parler de lui-même.

Le trait le plus remarquable de sa main était son énorme Mars, qui peut (et c'était le cas) refléter la nature agressive et volatile de quelqu'un qui est compulsivement égoïste, têtu, coléreux, possessif et qui a des réactions excessives.

Il avait également les doigts courts, ce qui aggravait son comportement impulsif, le poussant à agir sans réfléchir et sans se soucier des conséquences. Finalement, son pouce court révélait qu'il s'intéressait davantage à sa survie quotidienne qu'à son avenir.

Après lui avoir expliqué en détail ce que sa main révélait, j'ai demandé : « Est-ce que tu te reconnais dans certaines de ces choses ? ».

« Ouais… dans toutes, je pense. »

Je lui ai conseillé de trouver une manière constructive et appropriée d'utiliser son énergie, peut-être en s'inscrivant à un programme d'études. Et je lui ai suggéré de s'associer avec des détenus qui visaient une libération anticipée pour bonne conduite, qui seraient plus positifs et le soutiendraient.

Il a fait un signe de tête affirmatif.

« Et puis, tu devrais essayer de penser à ton avenir. Même si tu es ici à perpétuité, tu es encore jeune. Trouve quelque chose qui te passionne et fixe-toi un objectif. »

Je lui ai montré quelques exercices de respiration qu'il pouvait utiliser pour se calmer et je lui ai suggéré de compter jusqu'à dix quand il sentait la moutarde lui monter au nez.

Il a promis de réfléchir à ce dont nous avions parlé, m'a remerciée et m'a dit qu'il espérait me revoir pour une autre consultation.

Le détenu suivant avait plus de 70 ans. Il portait des pantoufles d'apparence coûteuse et arborait le sourire et la confiance d'un diplomate « au-dessus de ses affaires ». Quand il s'est assis, j'ai découvert pourquoi il semblait aussi détendu et heureux : dans quelques jours, il allait être libéré pour bonne conduite. Quand je lui ai demandé combien d'années il avait purgé, il a répondu :

« Je viens de terminer 20 ans pour cambriolage de banque. » Puis il s'est penché vers moi et m'a confié à voix basse : « Je suis impatient de sortir pour dépenser l'argent que j'ai durement gagné. »

Ce n'était pas la seule chose qui le réjouissait. Il m'a avoué qu'il avait rencontré une jolie jeune femme dans la zone des visites et qu'ils étaient restés en contact. Elle avait promis de l'attendre à sa sortie.

Il avait un long doigt de Saturne, ce qui en soi aurait pu suggérer la sagesse, la réflexion, le discernement, la patience et la discipline. Mais il avait aussi une ligne de tête très courte qui le privait d'une vision à long terme et court-circuitait les nobles qualités de Saturne. Donc, au lieu de planifier avec sérieux et de travailler dur pour atteindre ses objectifs, il avait choisi la solution facile, en utilisant ses impressionnantes capacités de raisonnement pour trouver les moyens de s'enrichir rapidement, comme dévaliser des banques. Il n'était pas intéressé par ses propres traits de caractère, mais par sa petite amie hors des murs. Il voulait savoir si elle l'attendrait effectivement à sa sortie, si elle était vraiment amoureuse d'un vieil homme comme lui, ou si elle voulait seulement son argent.

Plus il pensait à sa petite amie, plus il doutait de lui-même. Son long Saturne, sans l'influence stabilisatrice d'une longue ligne de tête pour orienter positivement ses pensées, avait mis en branle le doute et l'inquiétude. Je lui ai suggéré certaines choses à faire pour surmonter son insécurité et, après la consultation, il est parti, l'air songeur, dans ses pantoufles élégantes, en réfléchissant à tout ce dont nous avions discuté.

Le dernier prisonnier que j'ai vu avait une belle main avec une profonde ligne d'amour de la vérité.

« Que fais-tu en prison ?, lui ai-je demandé. Avec une ligne pareille, tu pourrais être un philosophe ou un professeur universitaire. »

« Je suis ici à perpétuité pour meurtre, a-t-il répondu. J'étais au mauvais endroit au mauvais moment. »

Cependant, il méritait bien sa ligne d'amour de la vérité. Il était devenu bouddhiste en prison et, pour aider les autres détenus à élargir leurs horizons, il s'était porté volontaire comme bibliothécaire de la prison. Il voulait parler de sa quête spirituelle et nous a raccompagnés jusqu'à la sortie. Il nous aurait bien suivis hors de la prison si un garde ne l'avait pas arrêté à la porte.

Les détenus que j'ai rencontrés à Archambault étaient parmi les clients les plus réceptifs que j'aie jamais eus, et je suis repartie en pensant que nous avions pu faire du bien. Mais la prison Tanguay était une autre histoire.

Il n'y avait ni gâteaux, ni biscuits. Nous avons été escortés dans une grande salle vide où nous avons attendu. Au son d'une cloche retentissante, une porte en métal s'est ouverte et les détenues se sont précipitées vers nous, se bousculant les unes et les autres pour passer en premier.

C'était une atmosphère oppressante où régnait une menace permanente de violence; ces femmes n'étaient certainement pas heureuses d'être là et elles étaient en compétition constante pour prouver qui était la plus forte, afin de survivre dans cet environnement répressif. L'ambiance était tendue et inconfortable, mais elles étaient avides d'entendre ce que nous avions à leur dire.

Malheureusement, la plupart voulaient seulement des prédictions, et ces prédictions n'étaient pas particulièrement agréables.

« Est-ce que je vais pouvoir me venger ? Dites-moi si je vais prendre ma revanche sur l'homme qui m'a fait enfermer ici. » C'était l'une des premières questions qu'on m'a posées.

Quand j'ai demandé à cette femme ce qu'elle avait fait, elle a rétorqué :

« Crois-moi, vaut mieux ne pas en parler. »

Si on me laissait poursuivre la consultation, je décrivais les influences négatives dans leurs mains, soulignais leurs signes positifs et suggérais des choses à faire pour améliorer leur situation et rompre le cycle dans lequel elles étaient prises. Mais leur vie était tellement incertaine qu'elles n'étaient pas intéressées par la planification à long terme ni par la chirologie préventive.

Ma dernière cliente était frêle, timide et absolument terrifiée.

« Je ne devrais pas être ici. J'ai tellement peur. On m'a envoyée en prison parce que je n'avais pas payé mes impôts. J'ai juste six mois à faire, mais je ne pense pas que je tiendrai le coup. »

Toute sa main était criblée de lignes allant dans tous les sens, et sa paume était rouge vif, signe d'une profonde anxiété, ce qui était compréhensible vu les circonstances. Elle était hantée par les regrets et ne voyait aucun moyen de reprendre sa vie en main.

Mais elle était très réceptive à la méditation. Je lui ai donné un mantra à réciter et une technique de respiration pour se détendre et recentrer son énergie, ce qui l'aiderait à envisager un avenir plus heureux et plus pacifique. Ce dont elle avait le plus besoin, c'était d'un peu d'espoir et de courage et, dans le temps limité que nous avons passé ensemble, j'ai fait de mon mieux pour lui en donner.

Ma présence dans ce lieu m'a fait penser au karma et à la manière dont nos pensées et nos actions négatives se répercutent à travers le temps et peuvent nous amener dans des endroits aussi horribles. Loin d'être agréable, cette expérience était une précieuse leçon dans l'éducation d'une jeune chirologue en plein apprentissage.

Nous sommes retournés au Centre avec toute une collection d'empreintes à ajouter à la section criminelle de notre galerie. Je ne le savais pas à l'époque, mais nous étions sur le point de faire un pèlerinage qui nous mènerait vers les mains d'une sainte.

Ma mère et mon père
en 1943, un an avant
leur mariage

À l'âge de 5 ans, je danse sur la musique que
mes frères jouent à la guitare

« Au travail » avec mon cousin Gilles, lors des fiançailles d'un membre de la famille

Heureuse à 12 ans

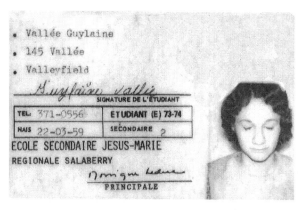

Ma coupe de cheveux désastreuse à l'origine
de ma perte de confiance

Toute la famille, de gauche à droite; rangée du haut : Caroline (la
fille de Réjean), Mimi, Normand, Denise (la femme d'André),
Francine (la femme de Réjean), Monique (la femme de Gaston),
Guylaine et Pierre (le fils de Gaston); rangée du milieu : Marcel,
André, Maman, Papa, Réjean, Gaston, Dominique (la fille de
Gaston); premier rang : Martin (le fils d'André), Danny (le fils de
Mimi), Charles (le deuxième fils de Gaston). Absente de la photo :
Jessica, la fille de Mimi, qui n'était pas encore née.

À 19 ans, en train de faire un peu de théâtre au
Cégep de Jonquière

En train de jouer le
rôle de la chanteuse
Michèle Richard à
Jonquière

La pièce « Sur
le matelas » à
Jonquière

Au retour
de Paris

Mon premier festival de rue avec Ghanshyam devant le
Centre de Chirologie à Westmount

Ma première
Autobiographie d'un yogi

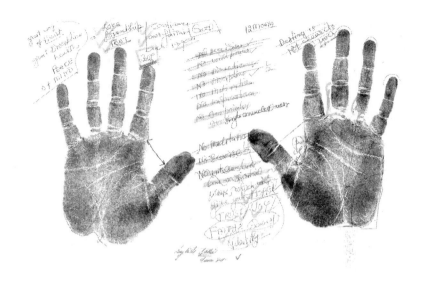

Mes premières empreintes, avec la liste de choses à
améliorer écrite par Ghanshyam

Monts
☽ Lune : Perception
♀ Vénus : Amour
♂- Mars négatif : Vitalité physique
♂- Mars positif : Endurance mentale
♃ Jupiter : Raison d'être
♄ Saturne : Coordination
☉ Soleil : Magnétisme
☿ Mercure : Communication
☊ Rahu : Environnement présent
☋ Ketu : Dettes karmiques du passé

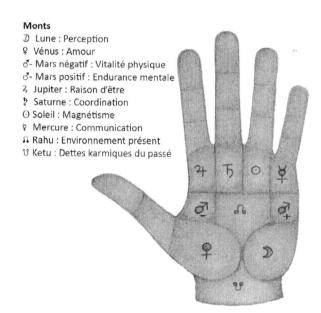

La paume est divisée en 10 zones
appelées les monts

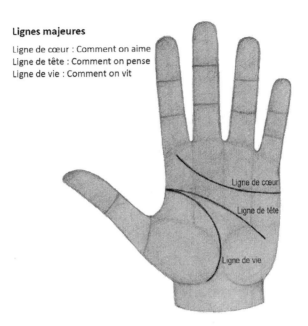

Lignes majeures

Ligne de cœur : Comment on aime
Ligne de tête : Comment on pense
Ligne de vie : Comment on vit

Ligne de cœur
Ligne de tête
Ligne de vie

Les trois lignes majeures, c'est-à-dire le
cœur, la tête et la vie

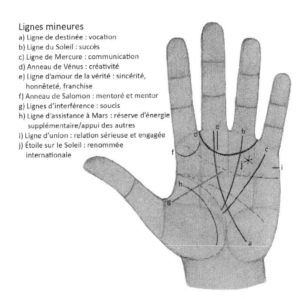

Lignes mineures

a) Ligne de destinée : vocation
b) Ligne du Soleil : succès
c) Ligne de Mercure : communication
d) Anneau de Vénus : créativité
e) Ligne d'amour de la vérité : sincérité,
   honnêteté, franchise
f) Anneau de Salomon : mentoré et mentor
g) Lignes d'interférence : soucis
h) Ligne d'assistance à Mars : réserve d'énergie
   supplémentaire/appui des autres
i) Ligne d'union : relation sérieuse et engagée
j) Étoile sur le Soleil : renommée
   internationale

Les lignes mineures représentent les aspects dont
nous sommes conscients

Heureuse d'être de retour au Centre de
Chirologie, après six mois d'absence à rédiger un
scénario pour un concours

Encouragée par Ghanshyam avant
une émission de télévision

En train de lire les mains de Mitsou

En train de lire les mains de Lise Watier après mon apparition à
son émission de télévision, Évasion Beauté

Me voici avec Claire Lamarche qui me félicite après mon apparition à son émission en direct

À l'émission de radio en direct
Touche-à-tout, avec Marguerite Blais

Avec Juliette Powell à
son émission sur les
ondes de Much Music

En compagnie d'André Robitaille et de Marina Orsini à
l'émission *Tout l'monde debout* sur les ondes de Rouge FM

Avec le chanteur Ricky Martin dans sa
maison de Miami

Me voici avec Kathy et Peter en train de prendre la température
de Ghanshyam qui est tombé malade en Inde

Aux côtés de Mère Teresa avec Kathy, Heather et Peter

En train de méditer avec Ghanshyam et Kathy dans le grenier bleu ciel où Paramahansa a un jour eu une vision de la Mère Divine (la Vierge Marie dans l'idéologie catholique) après le décès de sa propre mère.

Avec Kathy et la bande, à bord d'un bateau sur le Gange,
à Varanasi, où nous avons prié pour nos ancêtres

Notre rencontre du Bhrigu au village de Karoli à Udaipur. De
gauche à droite : moi, Denise, Kathy, le Bhrigu et Ghanshyam

La découverte du centre de retraite que Ghanshyam
avait vu en rêve

Le bureau où dormait Kathy la nuit où il a été détruit par
l'incendie, à Montréal. On peut apercevoir l'image de
Paramahansa intouchée

Ghanshyam, le
lendemain de son
anniversaire, en train
d'examiner les ravages
de l'incendie de son
Centre de l'avenue
Victoria

Ma thérapie après l'incendie : restaurer des
vieux meubles pour notre centre à Chénéville

Le personnel du Centre de Chirologie en Floride : de gauche à droite à l'arrière : moi, Francis, Rémi, Peter, Ghanshyam et Jeannette; premier rang : Heather, Johanne, Jaysri, Denise, Grace, Sylvie et Kathy

C'est moi en train de prendre les empreintes de Wayne Dyer à notre stand au congrès Silva où Wayne et Ghanshyam étaient tous les deux conférenciers

Me voici avec Gaston, Mimi et Réjean,
plus unis que jamais

Une des dernières photos de
Maman, Mimi et moi

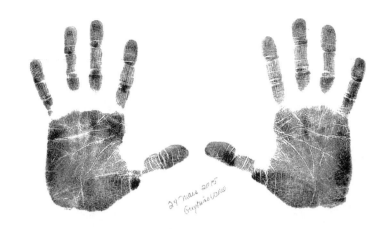

Les nombreux changements de mes empreintes de suivi

Un de mes cours de chirologie avec Ghanshyam

13

Les mains d'une sainte

*A*PRÈS AVOIR COMPRIS À quel point la chirologie et l'astrologie védiques pouvaient améliorer leur vie, beaucoup de mes clients disaient qu'ils voulaient se rendre en Inde pour trouver de l'inspiration et étudier les sciences védiques. Je secouais la tête en disant : « Pourquoi donc ? Ghanshyam nous a apporté l'Inde ici ! »

Tant que je pouvais apprendre de Ghanshyam au Centre et pratiquer mon Kriya Yoga à la maison, je ne voyais aucune raison de faire un pèlerinage en Inde pour trouver l'illumination : je pouvais faire ça à Montréal !

Il y avait pourtant un pèlerinage que je rêvais de faire. Après avoir lu *Autobiographie d'un Yogi*, j'avais vraiment envie de visiter Lake Shrine, le centre de retraite spirituelle créé par Paramahansa au sommet du Mont Washington, près du siège de la Self-Realization Fellowship à Los Angeles. Des milliers d'adeptes du Kriya visitaient ce coin de paradis chaque année pendant la Convocation mondiale annuelle de la SRF et, un été, Kathy, Peter et moi étions parmi eux.

Lake Shrine est un véritable paradis à quelques kilomètres du centre de Los Angeles, mais un monde le sépare de l'agitation et de la pollution de la ville. Ce centre est niché au milieu de dix acres de terrain boisé surplombant l'océan Pacifique, au bord d'un lac paisible entouré de collines et de jardins exotiques qui contribuent à approfondir la méditation et l'autoréflexion.

Le sanctuaire lui-même, un heureux mélange d'architectures orientale et occidentale conçu par Paramahansa, vise à honorer toutes les grandes religions du monde et à promouvoir la paix et la communion avec Dieu. Une partie des cendres du Mahatma Gandhi repose dans un sarcophage de pierre à proximité d'une des plus grandes attractions de Lake Shrine, le « puits magique spirituel », où Paramahansa a laissé les empreintes de ses pieds et de ses mains dans le ciment frais, à la cérémonie d'inauguration de 1934.

Avant de partir pour la Californie, nous avons demandé à Ghanshyam s'il voulait que nous lui ramenions un souvenir de la boutique de cadeaux de la SRF, et sa demande semblait relativement simple.

« Kathy, la seule chose que je te demande est de toucher les empreintes de Paramahansa en mon nom. C'est mon seul souhait ! »

Nous avons passé plusieurs jours à la convocation au centre de Los Angeles, en nous rechargeant par des heures de méditation individuelle ou collective. Après quoi, nous nous sommes inscrits à une visite guidée des parterres et jardins de Lake Shrine dans le but de satisfaire la demande de Ghanshyam. Mais quand nous sommes arrivés au puits magique, notre guide, une religieuse de la SRF en robe safran, a annoncé d'un ton sévère :

« Vous remarquerez qu'une clôture de protection a été construite autour du puits magique pour préserver les empreintes de notre gourou. Des millions de mains ont touché ces empreintes et elles ont commencé à s'éroder. Nous devons les protéger, alors s'il vous plaît, rappelez-vous qu'il n'est *pas* permis de toucher. Aucune exception ! »

À son ton, nous savions qu'il était inutile de plaider avec elle. C'était tout un dilemme pour Kathy à qui Ghanshyam avait spécifiquement fait cette requête. Je me demandais si c'était un moyen délibéré de tester ses limites, ce qu'il faisait souvent avec nous tous. Kathy était guidée par un solide Jupiter, c'est-à-dire que le décorum, la bienséance et la dignité familiale avaient énormément d'importance pour elle. Elle se sentait obligée de suivre les règles et les règlements.

Au milieu de la foule, nous regardions les empreintes des mains de Paramahansa. Elles étaient magnifiques et, même si on ne pouvait malheureusement pas voir clairement ses lignes, nous avions son thème astral au Centre. Les empreintes de ses pieds marquaient l'endroit où il se tenait, plus d'un demi-siècle plus tôt, au moment où il menait à bien sa mission de combler le fossé spirituel entre l'Orient et l'Occident et d'offrir le Kriya au monde. À côté des empreintes de ses mains, il avait écrit dans la pierre un message pour inspirer les pèlerins des générations à venir :

Pour la réalisation de soi, j'offre mes mains, mes pieds et mon âme, et je prie que tout le monde en fasse de même. Méditez et faites le vœu suivant : « Que ton amour brille éternellement sur le sanctuaire de ma dévotion, et que je sois capable d'éveiller ton amour dans tous les cœurs. » Réveillez-vous ! Ne dormez plus.

« Paramahansa comprendra », a chuchoté Kathy. Elle s'est soudain jetée par terre, devant tous les pèlerins et, passant le bras sous la clôture, elle a posé sa main tendue sur les empreintes des mains de Paramahansa.

En un éclair de safran, notre guide-religieuse s'est élancée vers nous avec un air désapprobateur. Kathy s'est relevée et nous nous sommes dépêchés de rejoindre l'autobus. Mais nous avons été interceptés par une bénévole de la SRF en uniforme bleu qui nous a transpercés d'un regard dédaigneux.

« Comment osez-vous manquer d'autant de respect ? », a-t-elle sermonné Kathy, et elle a poursuivi sa réprimande pendant plusieurs minutes. Kathy a haussé les épaules en disant : « Il fallait que je le fasse. Si je pouvais, je vous raconterais toute l'histoire. »

J'étais fière d'elle : mon idole de l'enseignement s'était battue pour une cause et avait dépassé ses propres limites.

L'incident du puits magique a été le seul accroc d'un voyage autrement parfait, et nous sommes retournés au Centre revitalisés et heureux. Ghanshyam a accueilli chacun de nous par l'une de ses énormes et fameuses étreintes. Et, avec un sourire malicieux et des yeux pétillants, il a demandé : « Alors, dites-moi… comment était votre voyage ? » Nous n'avons pas eu besoin de répondre, il le savait déjà.

En octobre 1995, Ghanshyam nous a surpris en annonçant un pèlerinage qui nous concernerait tous.

« Je vais recevoir un prix en Inde. J'y serai pendant six semaines… et je veux que vous veniez tous avec moi ! »

L'Indian Board of Alternative Medicines à Calcutta, la plus grande association de guérisseurs holistiques et ayurvédiques du monde, avec plus de 80 000 praticiens, décernait à Ghanshyam le prix commémoratif Charak pour son service à l'humanité. Elle l'honorait ainsi pour son « travail novateur en astro-chirologie préventive, qui permet à des milliers de personnes d'améliorer leur santé physique et mentale, et de rétablir l'équilibre et l'harmonie de leurs relations interpersonnelles ».

Nous étions enchantés que Ghanshyam obtienne la reconnaissance qu'il méritait à juste titre et stupéfaits par son invitation à se joindre à lui en Inde. Personne ne savait que dire, si ce n'est merci. En effet, aucun de nous ne pouvait se permettre un voyage aussi coûteux.

« Ne vous inquiétez pas, nous trouverons l'argent si nous sommes positifs et si nous méditons et prions avec de bonnes intentions. »

Et, ô surprise, l'argent s'est bel et bien matérialisé ! Nous avons tous trouvé un moyen de financer le voyage.

Ce pèlerinage allait pouvoir se réaliser, ce qui ne me dérangeait aucunement. Bien que n'ayant jamais prévu d'aller en Inde, j'étais très heureuse d'avoir l'occasion de visiter la patrie de mes deux plus grands professeurs : Ghanshyam et Paramahansa. Et puis, je serais en bonne compagnie. En comptant la femme de Ghanshyam, Chanchala, et leur fils aîné, Keero, notre expédition comprendrait quinze personnes.

Nous étions tristes de devoir fermer le Centre pour la première fois en 22 ans d'histoire, vu qu'il n'y aurait plus personne au bureau. Mais, encore une fois, quelqu'un veillait sur nous là-haut et nous a envoyé un ange sous la forme de Jacinthe Côté, l'une de nos toutes nouvelles étudiantes.

Jaysri, comme l'a surnommée Ghanshyam, avait récemment visité la Terre Sainte, où elle avait connu un éveil spirituel en priant à l'intérieur d'une grotte dans le désert de Judée, là où Jésus avait fait une retraite de quarante jours avant le début de son ministère. Quand elle est revenue à Montréal, elle a eu une consultation avec Ghanshyam et s'est immédiatement inscrite à notre programme de diplôme. Lorsque Jaysri a vu notre réticence à laisser le Centre sans surveillance, elle a dit :

« Allez-y et faites un bon voyage. Je serai là tous les jours pour prendre soin du Centre. »

C'était un grand soulagement de savoir que nous laissions le Centre dans des mains aussi capables et aussi attentionnées. Il n'y aurait pas de consultations pendant nos deux mois d'absence, mais nos clients et étudiants étaient aussi heureux que nous que Ghanshyam soit mis à l'honneur.

Trois jours après Noël 1995, la troupe du Centre a quitté les rues glaciales de Montréal... avant d'être arrêtée par les douaniers qui se méfiaient des énormes bagages de Ghanshyam et de leur poids extraordinaire. Nous étions nous-mêmes plutôt curieux, mais il ne nous a rien dit de ce qu'il transportait. Nous avons embarqué dans l'avion juste à temps et, après un vol épuisant de 24 heures, au cours duquel Ghanshyam, terrifié à l'idée de voler, a médité constamment, nous avons atterri à Calcutta, exténués et désorientés.

Quel choc culturel ! Même au milieu de la nuit, l'aéroport était un véritable pandémonium; des dizaines de coolies attrapaient nos affaires et partaient dans toutes les directions. Heureusement, Chanchala, qui parle hindi, a pris les choses en main et a pu rassembler tous nos bagages. La chaleur, la poussière, le bruit et la pauvreté de Calcutta nous ont assaillis à notre sortie de l'aéroport. Des vaches erraient au milieu des rues, des dizaines de mendiants nous entouraient et nous avons été choqués de voir des lépreux dormir sur la route.

Nous séjournions à l'Hôtel Fairlawn dans le centre de Calcutta, où nous avons été accueillis par la propriétaire, Violet Smith, une grande dame excentrique qui tenait un petit caniche blanc dans les bras. Violet portait des tenues flamboyantes et un maquillage spectaculaire, et donnait l'impression d'avoir tout vu, tout comme l'hôtel, vieux de 200 ans, dont elle avait hérité de sa mère. Le jardin paisible et verdoyant du Fairlawn était bordé de palmiers en pots et offrait un refuge apprécié après la poussière et le chaos des rues. Les croassements constants des corbeaux, qui tournoyaient dans le ciel, étouffaient le vacarme de la circulation et ajoutaient à l'ambiance mystique. Violet nous parlait des célébrités qu'elle avait accueillies au fil des ans. Elle a mentionné qu'elle et son hôtel figuraient dans le film, *La cité de la joie*, avec Patrick Swayze qui tenait le rôle d'un jeune médecin américain travaillant dans les bidonvilles les plus pauvres de Calcutta.

Nous avons vu les bidonvilles de nos propres yeux. Et, bien que bouleversée par l'extrême pauvreté, j'étais également profondément émue par la dignité et le calme visibles dans les yeux de tant des résidents les plus démunis de Calcutta. Des centaines de familles vivaient, mangeaient et dormaient dans les rues et, pourtant, les saris des femmes étaient impeccables et, en dépit de leur situation désespérée, elles riaient et souriaient sans cesse tout en s'occupant de leurs enfants. J'étais remplie d'humilité devant leur résilience et j'ai ainsi appris que, même dans la misère, l'esprit humain peut percevoir Dieu et trouver la joie intérieure.

Disposant de plusieurs jours avant le début de la conférence, nous avons visité la maison où Paramahansa avait grandi et avons médité dans le grenier bleu ciel où il avait un jour eu une vision de la Mère Divine (la Vierge Marie dans l'idéologie catholique), après la mort de sa propre mère. Nous nous sommes aussi assis dans sa chambre, là où il avait « découvert Dieu ». En marchant dans les rues poussiéreuses près de la maison de Paramahansa, nous avions l'impression d'avoir fait un retour au passé et de retracer ses pas avec, hélas, beaucoup plus de pollution atmosphérique et sonore. Dans son enfance à Calcutta, il y avait peu de voitures et seulement un million d'habitants. Maintenant, il y avait 12 millions de personnes et des millions de voitures; nous portions des foulards sur nos visages pour filtrer la poussière et le smog et nous nous bouchions les oreilles pour diminuer le tintamarre des klaxons.

La qualité de l'air était si mauvaise que Kathy et moi avons été prises d'affreux râles de poitrine. Le docteur Khrisen Kumar Kapoor, un vrai gentleman que le Board of Alternative Medicines avait chargé d'être notre guide à Calcutta, nous a amenées à la clinique de sa femme qui, au moyen de points d'acupression sur nos mains, nous a guéries de nos maux.

En quittant la clinique, nous avons aperçu sur le toit des enfants qui jouaient avec leurs cerfs-volants, puis Kathy a remarqué le nom de la rue : Park Lane. « Je n'en reviens pas, s'est-elle exclamée avec enthousiasme, c'est la rue où jouait mon père quand il était petit. Il nous a raconté tous ses jeux exactement à cet endroit, et comment il faisait voler des cerfs-volants sur le toit ! » Ayant quitté l'Irlande pour s'installer en Inde afin d'échapper à la Grande Famine, l'arrière-grand-père de Kathy avait ouvert une pharmacie dans le Nord de l'Inde. Son père, qui avait grandi en Inde, avait partagé beaucoup de ses souvenirs d'enfance avec Kathy et Peter. Nous avons été ébahies par la synchronicité de notre visite à la clinique, et j'ai de nouveau eu l'impression que quelqu'un veillait sur nous.

Nous n'avons pas été les seules à tomber malades à Calcutta. La veille du début de la conférence, Ghanshyam a été pris d'une forte fièvre et a sombré dans le coma : il était gravement atteint de la malaria. Nous ne connaissions pas le système hospitalier du pays et étions terriblement inquiets. Lorsque Ghanshyam n'a pas pu faire son discours d'honneur à la conférence, le docteur Kapoor est venu le voir et lui a inséré sur tout le corps tant d'aiguilles d'acupuncture que Ghanshyam ressemblait à un porc-épic. Peter et moi nous sommes restés assis avec lui toute la nuit jusqu'à ce qu'on lui retire les aiguilles le matin, puis nous nous sommes tous relayés pour le veiller. Le troisième jour de son coma, Kathy était seule avec Ghanshyam quand il s'est soudain redressé dans son lit et l'a regardée d'un air d'urgente intensité.

« Kathy, il faut à tout prix que vous alliez voir Mère Teresa ! N'oubliez pas de prendre les empreintes de ses mains ! » Puis il est retombé inconscient dans le lit.

Kathy s'est précipitée vers la cabine téléphonique de l'autre côté de la rue et a réussi à trouver le numéro des Missionnaires de la charité de Mère Teresa.

« Allô, puis-je parler à Mère Teresa ? »

« Acha ! Acha ! »

Kathy a été surprise de réaliser qu'elle était en train de parler à Mère Teresa.

« Je dois vous voir », a bredouillé Kathy.

« Venez tout de suite ! »

Kathy est revenue à l'hôtel en courant et a rassemblé tous ceux qu'elle pouvait trouver : Peter, moi et notre collègue, Heather. Nous avons attrapé notre appareil photo et notre matériel à empreintes, sauté dans un taxi et pris la direction d'un des quartiers les plus pauvres de la planète. Au milieu de la crasse et des taudis environnants, la mission de Mère Teresa était un havre de paix où les religieuses consacrées à son Ordre soignaient les pauvres et les malades, surtout les lépreux qui étaient les plus rejetés par la société.

Nous avons été surpris de trouver une foule qui faisait la queue pour la voir et nous nous sommes assis pour l'attendre derrière un rideau. Soudain, le rideau s'est ouvert et, devant nous, est apparue Mère Teresa. Je me suis prosternée et j'ai touché ses pieds, signe de respect en Inde. Comme elle ne portait pas de souliers, j'ai été frappée par ses pieds nus, inhabituellement larges, noueux et déformés. Mais ils étaient beaux, comme les racines d'un vieil arbre majestueux qu'aucune tempête n'aurait pu renverser. Pourtant, quand je me suis relevée et que je l'ai regardée, il émanait d'elle une légèreté aussi immatérielle qu'un esprit.

Elle a pris Kathy par le bras et lui a donné une poignée de médailles à l'effigie de la Vierge Marie.

«Venez et aidez-moi à les distribuer.»

Totalement abasourdis, nous avons tous suivi Mère Teresa et Kathy pendant qu'elles distribuaient les médailles à ceux qui l'avaient attendue, tout en essayant de trouver le bon moment pour prendre ses empreintes... mais sans succès. Elle était constamment en mouvement et a refusé d'un geste nos demandes d'examiner ses mains. Mais je pense qu'elle a senti à quel point c'était important pour nous et, faisant une brève pause, elle s'est finalement tournée vers nous.

« Qu'est-ce que vous voulez donc voir dans ces vieilles mains ? »

Elle nous a tendu les mains, paumes vers le haut.

Mon Dieu, quelles belles mains !

Elle avait une ligne de cœur exceptionnellement longue dans les deux paumes, chacune présentant trois branches, ce qui révélait son profond amour et sa compassion pour l'humanité et témoignait de sa formidable spiritualité. Toutes les branches étaient de la même longueur, signe que ses actes d'amour rejoignaient le cœur des gens partout dans le monde.

Sa ligne de destinée partait du mont de la Lune à la base de sa main et traversait toute la paume jusqu'au doigt de Saturne, montrant sa profonde empathie et sa capacité d'agir comme une force du bien et une source d'inspiration pour les autres.

Elle possédait aussi une incroyable ligne d'amour de la vérité, représentant son amour inébranlable pour Dieu; son intense ligne de tête parcourait sa main jusqu'à Mars positif, exprimant une persévérance et un dévouement indéfectibles à sa cause. Et, comme nous pouvions nous y attendre, ses mains affichaient de nombreux signes de sagesse.

Bien que nous n'ayons pas pu prendre ses empreintes, l'image de ces magnifiques mains reste à jamais gravée dans ma mémoire.

Elle a souri et nous avons senti une vague d'amour, de dévotion et de sérénité déferler sur nous. Il n'y avait pas d'ego en elle, seulement une présence Divine. Nous étions honorés d'être en compagnie d'un des anges de Dieu sur terre, une sainte vivante véritablement au service de l'humanité.

Des pancartes interdisant de prendre des photos étaient affichées partout, mais elle nous a fait la gentillesse de poser avec nous pour plusieurs photos. Nous l'avons embrassée sur la joue, avons touché ses pieds et sommes partis, le cœur rempli de joie et d'humilité.

Quand nous sommes rentrés à l'hôtel, nous avons été sidérés et très soulagés de trouver Ghanshyam qui, quelques heures auparavant, était encore dans le coma, assis dans son lit en train de manger un grand bol de dhal, soupe de lentilles très populaire en Inde. Sa fièvre avait disparu et son visage était fendu d'un grand sourire. Il ne se souvenait absolument pas d'avoir demandé à Kathy d'aller rendre visite à Mère Teresa, mais était ravi que nous l'ayons fait. Ce fut une journée miraculeuse !

Pendant le reste de la semaine, nous avons assisté à la conférence et appris des méthodes nouvelles et novatrices de guérison ayurvédique. Et nous étions tous là, avec plusieurs centaines d'autres participants des quatre coins du monde, quand Ghanshyam a reçu son prix. Lorsque les applaudissements se sont calmés, le présentateur a annoncé le nom de Kathy. C'était une grande surprise pour tout le monde. Kathy ne savait pas quoi faire. Alors Ghanshyam, un sourire espiègle illuminant son visage, lui a fait signe de venir vers le podium… où elle s'est vu décerner un doctorat pour ses années de travail en astro-chirologie. Et puis, un par un, nous avons tous été appelés à l'avant de la salle pour recevoir un diplôme d'études universitaires, de même qu'un diplôme spécial nous permettant de pratiquer l'astro-chirologie partout en Inde.

Brusquement, le mystère des lourdes valises de Ghanshyam était dévoilé ! Il avait envoyé nos titres de compétences à l'association plusieurs semaines avant notre départ du Canada et avait fait préparer nos diplômes à Montréal : de belles plaques dorées à l'or fin et montées sur des cadres de chêne massif, avec nos noms et titres de compétences gravés sur le métal précieux. Chacune pesait près d'un demi-kilo et il les avait charriées à l'autre bout du monde pour nous faire la surprise et veiller à ce que nous partagions son moment de gloire.

Mes yeux se remplissaient de larmes à mesure que la gratitude et l'appréciation m'inondaient le cœur. Je me souvenais de ce qu'avait dit Ghanshyam des années auparavant, quand j'avais quitté le Centre pour préparer le concours de scénarios : « Si tu gagnes, je gagne. »

Et maintenant, je comprenais que, lorsque Ghanshyam gagnait, nous gagnions tous.

14

Au cœur de l'Inde

NOUS AVONS QUITTÉ CALCUTTA, nos diplômes à la main et la fierté au cœur, pour profiter de deux jours de paix à l'ashram de la SRF à Dakshineswar, dans la périphérie de la ville. Paramahansa avait fondé cet ashram au milieu des années 1930 pour promouvoir la pratique du Kriya en Inde. C'est un beau et majestueux centre de retraite qui, à part les hordes de moustiques nocturnes dont je m'abritais sous un filet géant, offrait un havre de paix par rapport au centre-ville de Calcutta.

Le matin, après avoir fait nos exercices de rechargement aux côtés des moines tout en admirant le Gange, nous avons emprunté des bicyclettes pour nous rendre au temple de Kali, à proximité. Kali est une autre manifestation de la Mère Divine. Paramahansa avait amené son beau-frère au temple de Kali pour le mettre sur le chemin de l'illumination spirituelle, parce que sa sœur s'était plainte de la grossièreté et de l'étroitesse d'esprit de son mari. La visite a été un succès. Le beau-frère de Paramahansa s'est réformé et a commencé à pratiquer le Kriya ! Pendant que son beau-frère l'attendait à l'extérieur du temple, Paramahansa méditait à l'intérieur, où il a eu une vision de la Mère Kali, comme l'avait eue Ramakrishna, mystique du XIXe siècle que Paramahansa admirait beaucoup.

La Mère Divine, pareille à un océan de lumière auquel tous les humains ont accès, était apparue à Ramakrishna qui, comme Paramahansa, prêchait l'universalité des religions. « Nombreux sont les noms de Dieu et infinies les formes qui nous amènent à le connaître, a-t-il dit un jour. Quels que soient le nom ou la forme que vous lui donniez, c'est sous cette forme ou ce nom que vous le verrez. »

Adjacent au temple de Kali, se trouve l'énorme temple de Ramakrishna, où ce dernier a partagé sa vie avec son épouse et homologue spirituelle, Sarada Devi. Nous avons médité dans leur chambre privée, au pied de leur immense lit, jusqu'à ce qu'il soit temps de revenir à l'ashram de Paramahansa et de prendre l'autobus à destination de la gare de Howrah, pour la deuxième étape de notre pèlerinage.

J'avais beaucoup lu au sujet des miracles en Inde mais, sur place, j'ai réalisé que le vrai miracle était de simplement arriver à temps dans ce pays merveilleusement chaotique ! Je me suis aussi rendu compte que Peter avait hérité d'une tâche particulièrement lourde. En sa qualité de chef du groupe, il était responsable de la coordination des plans de voyage. C'est-à-dire qu'il devait s'assurer qu'aucun de nous quinze (et de nos trente bagages) ne se perde ou ne se sépare du reste, que nous disposions d'eau propre et que nous ne manquions aucune de nos innombrables correspondances. En effet, un train ou un autobus raté pouvait faire dérailler tout le voyage, ce qui est presque arrivé dès le début.

L'autobus pour nous rendre à la gare de Howrah ne s'est jamais présenté à l'ashram. Trois millions de personnes affluaient dans la ville ce jour-là pour un important rassemblement politique, et le niveau normal de folie était largement dépassé. Les moines nous ont finalement trouvé un vieux tacot qui avait un jour servi d'autobus scolaire et, après trente minutes de prière, méditation, jurons et persuasion, le moteur a toussé à plusieurs reprises et nous avons enfin pu nous mettre en marche, secoués de toutes parts, en pétaradant au milieu des manifestants jusqu'à la gare.

La gare de Howrah est le plus ancien terminal ferroviaire de l'Inde. Elle ressemble à une forteresse médiévale mais fonctionne davantage comme un asile de fous. Dans cette gare, qui est une ville en soi, s'entassaient des dizaines de milliers de personnes au milieu d'un espace caverneux qui amplifiait le vacarme assourdissant de cette masse grouillante d'humains. De nombreuses familles campaient sur le quai, accroupies autour des feux de cuisson, lavant leurs vêtements ou allaitant leurs enfants au milieu de la cohue quotidienne des travailleurs. Une nuée de porteurs malhonnêtes nous ont arraché nos sacs, disparaissant en portant nos valises sur la tête. Peter et Keero les ont poursuivis pour récupérer nos bagages, puis nous ont pressés, tirés et poussés vers notre wagon. Quelques minutes plus tard, après le coup de sifflet, la cheminée de notre vieille locomotive a craché de gros nuages de vapeur, enveloppant le quai d'un épais brouillard, tandis que les lourdes roues de métal au-dessous de nous commençaient à grincer. Nous étions en route.

Notre train était un microcosme de la société indienne, depuis les somptueux compartiments privés aux sièges rembourrés pour les privilégiés à une extrémité, et les durs bancs de bois pour les paysans, les chèvres et les poulets, à l'autre. Nous étions au milieu, dans de petits compartiments de places assises disposant d'une double rangée de couchettes rabattables au-dessus des sièges. Ces voitures allaient devenir notre deuxième foyer pendant le mois suivant, et j'ai appris à aimer voyager à travers le vaste sous-continent en train, même si c'était parfois un peu effrayant. Malgré les lourdes portes de métal et les deux gardes postés dans chaque voiture, une bande de dacoïts (brigands de grand chemin) s'est infiltrée dans le compartiment voisin du nôtre et a dévalisé les invités d'un mariage en leur volant tout leur argent et leurs cadeaux.

Dans la ville d'Allahabad, nous nous sommes trouvés au milieu d'une émeute lors d'un mini *Kumbha Mela*, festival religieux vieux de 2 500 ans qui attire plusieurs millions de baigneurs dans les plaines inondables de la Yamuna et du Gange. C'est le plus grand et le plus paisible rassemblement religieux au monde mais, cette nuit-là, des centaines de jeunes voyous se sont précipités vers notre train. Heureusement, les gardes ont vu ce qui allait arriver et nous ont forcés à embarquer juste à temps, réussissant ainsi à combattre la foule et à fermer les portes in extremis. Cependant, le train étant encore en gare, la foule a commencé à frapper la fenêtre de notre compartiment avec de longues perches en bambou pour briser le verre. Le temps qu'a mis le train à démarrer m'a paru une éternité. S'il n'était pas parti à ce moment-là, je suis certaine que la fenêtre aurait volé en éclats et que les émeutiers auraient immédiatement sauté sur nous.

À un autre arrêt, Ghanshyam et moi sommes descendus sur le quai pour acheter de la nourriture à un kiosque. Au moment où nous nous sommes retournés, les bras chargés, le train quittait la gare. Nous avons couru le long du quai pour l'attraper, passant la nourriture à Kathy et Peter à travers une fenêtre ouverte, avant de sauter sur les marches de la locomotive en mouvement. Tout cela faisait partie de la grande aventure !

Nous comptions parcourir plusieurs milliers de kilomètres à travers l'Inde en faisant plus ou moins un triangle qui allait loin au nord à Mussoorie, où avait vécu l'arrière-grand-père de Kathy et de Peter, puis au sud-ouest dans les villes légendaires de Jaipur et Udaipur, avant de reprendre l'avion à New Delhi. Mais notre première destination était le cœur spirituel de l'Inde : la ville historique de Varanasi.

Varanasi se trouve sur la rive ouest du Gange et a été continuellement habitée depuis 5 000 ans, ce qui en fait l'une des villes les plus anciennes sur Terre. C'est un lieu tellement saint que de nombreux hindous croient que ceux qui sont incinérés et dont les cendres sont dispersées dans le Gange à Varanasi atteignent le *moksha*, c'est-à-dire qu'ils sont libérés du cycle de la mort et de la renaissance et que leurs âmes montent directement au ciel. Ce n'est pas rien dans l'hindouisme : qui choisirait de souffrir pendant une centaine de milliers de vies, s'il est possible d'être réuni avec Dieu en un seul instant ? Par conséquent, les « hôtels de la mort » ou les « maisons de la libération » qui accueillent les malades et les mourants sont un commerce florissant à Varanasi. Et pour ceux qui peuvent se payer du bois à brûler, les bûchers funéraires, connus sous le nom de *ghats*, brûlent à toute heure. La présence de la mort est une constante de la vie à Varanasi et, partout où nous allions, nous voyions des cortèges funèbres transportant des corps vers les bûchers. J'ai presque fait l'objet d'un de ces cortèges quand j'ai impatiemment essayé de me serrer au bord d'une rue étroite, au passage d'une charrette remplie de bois et tirée par des bœufs, et que j'ai été encornée dans les côtes par la longue corne du bœuf. Heureusement, je n'ai pas été blessée et je me suis rappelée que Ghanshyam me conseillait toujours de ralentir et d'être plus patiente, ce que l'Inde était en train de m'enseigner.

Un jour, nous avons fait une promenade en rickshaw et, ballottée le long de la route défoncée, je pensais aux passages de la Bhagavad Gita qui décrivaient le Seigneur Krishna conduisant son char dans la bataille de Kurukshetra et à ses discussions sur la réincarnation avec son compagnon, le célèbre archer Arjuna.

Krishna expliquait à Arjuna que le cycle de la vie et de la mort ne peut être arrêté que par l'illumination, une fois que nous avons payé la dette karmique accumulée par des vies d'égoïsme, en menant une vie totalement désintéressée, sans ego et entièrement au service de Dieu. Krishna a également dit que le Kriya Yoga accélère notre voyage vers l'illumination, et j'étais contente de le pratiquer quotidiennement, parce que je ne comptais pas faire éparpiller mes cendres dans le Gange à Varanasi.

Nous avions espéré voir les rayons dorés du soleil levant danser sur le Gange, un spectacle pour lequel Varanasi est également célèbre, et avions même loué une barque pour aller sur l'eau. Mais le matin était couvert et maussade, éclairant tout d'un gris terne, à vrai dire tout, sauf le sari rouge vif d'une femme dont le corps venait d'être posé au sommet d'un *ghat*. Nous avons regardé respectueusement pendant que le bûcher était allumé et qu'elle était consumée par les flammes orange, et avons prié pour qu'elle atteigne effectivement le *moksha* et que son âme s'envole rapidement vers le ciel. Ensuite, nous avons allumé des bougies pour nos propres êtres chers et les avons fait flotter sur la surface du Gange sacré. La bougie de Denise a chaviré et s'est éteinte dès qu'elle l'a mise à l'eau. Elle l'a regardée dériver puis a éclaté de rire.

« C'est bien le sens de l'humour de mon père, a-t-elle expliqué en souriant. Il n'a jamais pris ces choses-là trop au sérieux. »

De Varanasi, nous avons continué au nord vers les contreforts de l'Himalaya à la recherche de la maison de l'arrière-grand-père de Peter et de Kathy, le marin qui avait quitté l'Irlande au XIXe siècle et avait ouvert une pharmacie dans l'une des régions les plus reculées de l'Inde. Nous avons voyagé en train jusqu'à Dehradun, puis enduré un long et pénible trajet en autobus le long d'une route de montagne sinueuse au milieu des nuages jusqu'à Mussoorie. Le ravin était jonché d'épaves tordues de véhicules qui n'avaient pas réussi à négocier les virages en épingle à cheveux et, tout le long du chemin, mes mains étaient crispées sur le banc devant moi, redoutant, à chaque virage, de nous voir plonger vers notre mort.

Mussoorie est une station de montagne, l'une de ces villes en haute altitude construites par les Britanniques pour échapper à la chaleur insupportable de l'été dans les plaines et vallées indiennes. C'était certainement le cas de Mussoorie : nous avons dû acheter des tuques et des gants de laine épais auprès des vendeurs au bord de la route pour rester au chaud, et nous les portions même à l'intérieur en mangeant de la soupe brûlante dans l'espoir d'arrêter de trembler de froid dans l'air de la montagne.

Peter a tenté de se renseigner sur son arrière-grand-père. Personne ne se rappelait la famille Keogh, mais tout le monde se souvenait de la pharmacie, qui était maintenant un restaurant encore meublé des antiquités de ses ancêtres. Dans un magasin du coin, Peter a trouvé les bocaux en verre qu'utilisait son arrière-grand-père pour mélanger les composés thérapeutiques d'épices et de minéraux. Nous pouvions encore sentir le camphre dans certains des fragiles flacons, que Peter et Kathy ont soigneusement enveloppés pour les rapporter au Canada et les offrir à leur père.

Pendant ce temps, Ghanshyam, parti explorer la ville, avait trouvé une église catholique abandonnée et envahie par un monticule de hautes broussailles. Ayant poussé une porte en fer forgé rouillé, il a découvert un cimetière qui s'étalait sur tout le côté de la colline. Nous avons cherché la pierre tombale de l'arrière-grand-père de Peter et Kathy jusqu'au coucher du soleil, et c'est là que Kathy a mentionné : « Ghanshyam, il commence à faire noir. On n'a quand même pas fait tout ça pour rien. Il faut trouver sa tombe ! »

« Rappelez-vous ce qu'a dit Paramahansa, a rétorqué Ghanshyam. Si vous avez des difficultés à atteindre votre objectif, demandez l'aide de Babaji et il vous aidera. »

Ghanshyam s'est assis sur un rocher et a commencé à méditer. Un instant plus tard, un membre de la troupe a crié : « Je l'ai trouvée ! Je l'ai trouvée ! »

Nous nous sommes réunis autour de la croix celtique d'environ 1,20 mètre de haut, couverte de vigne, qui marquait la tombe de Patrick Ambrose Keogh et avons dit une prière à sa mémoire. Je regardais au-delà du cimetière les pics enneigés de l'Himalaya. J'ai soudain réalisé que l'arrière-grand-père Keogh vivait à cet endroit lorsque Lahiri Mahasaya avait rencontré Babaji sur un contrefort de l'Himalaya en 1861 et avait appris le secret du Kriya. Ce secret serait plus tard transmis à Paramahansa qui l'apporterait à l'Occident… où Ghanshyam le découvrirait et me le ferait partager. Encore une fois, j'étais ébahie par la synchronicité que nous rencontrions partout au cours de notre pèlerinage.

Quittant Mussoorie et l'Himalaya, nous avons pris le train pour Udaipur, un voyage de 1 000 km à travers les larges déserts du Rajasthan, où je pouvais voir des chameaux avancer dans les dunes de sable rouge. Nous nous sommes arrêtés à Jaipur pour admirer les magnifiques temples et autres splendeurs de la fameuse « ville rose », avant d'arriver à Udaipur pour visiter le célèbre palais flottant sur le lac Pichola.

C'est à Udaipur que Ghanshyam a entendu parler d'un astrologue Bhrigu authentique dans un village reculé, à trois heures de route au nord de la ville. Nous étions tous épuisés, donc peu enthousiasmés par l'idée d'un long trajet sur des routes accidentées dans un taxi indien.

« C'est une occasion tellement rare que nous ne pouvons pas nous permettre de la manquer », a insisté Ghanshyam. Alors nous sommes allés consulter Bhrigu Nathulal Vyas dans le hameau poussiéreux de Karoli.

Dans la mythologie hindoue, Bhrigu est le fils du dieu Brahma, qui a créé l'univers. Il est dit que, des milliers d'années avant la naissance du Christ, Bhrigu a utilisé le mouvement des planètes et des configurations mathématiques complexes pour déterminer le destin de tous ceux qui allaient naître un jour. Il a consigné ses recherches sur une collection de feuilles de palmier; le texte est devenu connu sous le nom de *Bhrigu Samhita* (*Samhita* voulant dire « collection » en sanskrit). Les feuilles de palmier ont plus tard été converties en des fichiers plus durables, mais ces fichiers et l'art proprement dit d'interpréter la *Bhrigu Samhita*, se sont largement perdus dans la nuit des temps. Il ne restait que quelques Bhrigus en Inde, ce qui expliquait pourquoi Ghanshyam insistait tellement pour que nous lui rendions visite.

Nous sommes arrivés à la maison de Nathulal juste au moment où une voiture officielle du gouvernement s'en allait. C'était difficile de la manquer parce qu'à part les chameaux, il semblait n'y avoir aucun autre moyen de transport dans le village.

Nathulal était un homme dans la cinquantaine, barbu, maigre et très en forme, avec un visage de vieillard, des yeux noirs intenses et une voix retentissante. Il nous a accueillis chez lui et, dans ce qui semblait être son bureau, nous nous sommes assis autour de lui en demi-cercle sur le sol en béton. Après avoir jeté un coup d'œil à nos mains, il a ouvert l'une des nombreuses grandes boîtes vertes qui tapissaient les murs de la pièce et ressemblaient à de vieilles malles. Il a fouillé dans les innombrables fichiers qui s'y trouvaient, et a récupéré ceux qui avaient apparemment les numéros correspondant à chacun de nos destins. Il s'est assis dans la position du lotus, nous avertissant de ne pas l'interrompre par trop de questions. Puis il a commencé à lire nos fichiers, qui étaient prodigieusement exacts, tandis que Ghanshyam traduisait.

« Il est sanctionné qu'à cette heure et en ce jour de cette année, je dois vous lire ce que dit la *Samhita* », a commencé Nathulal. Des années plus tard, quand il est devenu célèbre pour avoir prédit l'ascension d'un politicien local à la présidence de l'Inde, nous avons appris que le Bhrigu ne disposait pas des fichiers de *tous* ceux qui été nés, seulement ceux qui étaient destinés à lui rendre visite à un moment donné. Nous avons également découvert que, pour se préparer à ces lectures intenses, il passait huit heures par jour à pratiquer le *Sādhanā*, une forme de méditation profonde et intensément spirituelle.

« Vos parents sont encore vivants et vous avez deux sœurs et un frère, vivants eux aussi, a-t-il dit à Peter. Votre future épouse est ici avec vous. » Nous nous sommes tous regardés, nous demandant ce que contenaient exactement ces fichiers mystérieux. Peter et Johanne était tombés amoureux l'un de l'autre peu de temps après l'arrivée de Johanne au Centre. Cependant, à la façon dont nous étions assis par terre, il n'était pas du tout évident qu'ils étaient ensemble. À l'époque, ils ne savaient même pas qu'ils allaient se marier, mais ils ont effectivement scellé leur union quelques années après notre voyage en Inde.

Au début de la lecture de Ghanshyam, Nathulal a confirmé qu'il était marié et avait deux fils et une fille. Puis il lui a dit :

« Votre principal but dans la vie est d'aider les autres. Vous ressentez un amour profond pour Dieu et cherchez à le connaître par la méditation et la dévotion à votre gourou. Votre destinée est à l'étranger, ce qui explique pourquoi vous avez quitté l'Inde. Vous avez une vie bénie et heureuse. Vous avez accompli de grandes choses. Vous faites un travail préventif au moyen du *Hast Jyotish*, en reliant le passé et le présent d'une manière qui aide à améliorer l'avenir des gens. Votre principale destinée est de promouvoir ce travail. Sur votre lieu de travail, vous écoutez sans cesse le Mantra Gayatri. »

Nous avons ouvert des yeux ronds. Non seulement il avait décrit très exactement le dévouement et le travail de Ghanshyam, mais juste quelques mois avant notre départ pour l'Inde, Peter et Serge Fiori avait enregistré une version musicale du Mantra Gayatri que nous faisions jouer sans arrêt au Centre.

Nathulal a également prédit pour Ghanshyam quelque chose qui allait occuper une grande part de notre vie à l'avenir.

« Vous allez créer un ashram et un établissement de recherche sur le *Hast Jyotish*, une école où les gens viendront étudier et séjourner en étant nourris et hébergés. Il y aura de nombreux bâtiments et une grande propriété nécessitant beaucoup de travail. Et il y aura une statue de la Mère Divine en ce lieu. Vous êtes protégé et soutenu, et vous avez l'inspiration pour faire de grandes choses, par la grâce de Dieu ».

Quand mon tour est venu, j'ai d'abord été gênée par ce qu'il a dit.

« Votre horoscope est unique parmi des millions. Vous suivez un parcours déterminé que vous a destiné Dieu pour montrer la lumière aux gens. Vous avez quitté votre lieu de naissance pour servir les autres. Votre destinée est le *Hast Jyotish*, la médecine ayurvédique et d'autres formes de thérapie qui aident les gens. Vous avez un ardent désir de communiquer avec les forces cosmiques, vous adorerez Dieu toute votre vie et vous vous efforcerez de répandre cet amour idéal dans toute l'humanité. »

C'était très flatteur et rassurant, mais ce qu'il a dit ensuite était si spécifique et si précis que je n'en revenais pas.

« Votre mère est encore en vie et votre père est mort; quand il est mort, il vous tenait en très haute estime et, dans son cœur, il reconnaissait ce que vous faisiez. Parmi vos nombreux frères, il y en a un qui a un problème mental, son esprit ne fonctionne pas correctement. Les gens peuvent penser qu'il est fou, mais il ne l'est pas. Son état de santé émotionnel ou mental vous a causé beaucoup d'angoisse et de douleur. Votre sœur aînée aura un autre compagnon, elle est destinée à aimer de nouveau. Vous, vous avez le choix de vous marier, mais vous êtes déjà mariée à votre vocation. Ce dévouement est votre mariage. Le destin a choisi vos amis et ceux-ci vous offrent un soutien inébranlable.

« L'argent n'a aucun intérêt pour vous, mais vous aimeriez être actrice et vous êtes d'ailleurs une bonne actrice; vous travaillerez au cinéma ou à la télévision et vous rejoindrez beaucoup de gens. Les gens seront éberlués par vos prédictions. »

Il a fait une pause et a ajouté : « Vous devez être plus patiente, et vous le serez en vous intéressant aux tâches ménagères, comme cuisiner. Vous faites tout trop vite. Il vaut mieux que vous ne possédiez pas de voiture. »

Tout le monde a ri à cette prévision et à ces conseils judicieux. Nathulal nous avait donné beaucoup de matière à réflexion et avait renforcé notre foi dans la science du *Jyotish*. Et la plupart de ses prédictions se matérialiseraient dans les prochaines années.

Nous avons quitté Karoli pour New Delhi, où Ghanshyam resterait pour rendre visite à sa famille et d'où nous nous envolerions pour le Canada.

Lors de notre dernier jour en Inde, la plupart du groupe a décidé d'aller à Agra pour voir le Taj Mahal, mais Kathy et moi avons préféré faire des courses à New Delhi. Ghanshyam, qui comptait passer la journée à rechercher des livres rares sur le *Hast Jyotish*, nous a arrêtées au moment où nous quittions l'hôtel pour nous dire :

« Aujourd'hui, c'est le jour où vous monterez sur un éléphant. »

En Inde, les éléphants sont vénérés comme étant des symboles de sagesse et Ghanshyam, qui avait une affinité particulière pour le dieu Ganesha à tête d'éléphant, estimait qu'une promenade à dos d'éléphant était de très bon augure.

« Bien sûr, Ghanshyam, ça semble être une *très bonne idée* », avons-nous plaisanté avant de partir faire nos courses.

Nous étions en train de fouiller dans une boutique de souvenirs quand j'ai remarqué une statue de Hanuman, la divinité mi-homme, mi-singe qui est le personnage central du poème épique le Ramayana. Ghanshyam m'appelait Hanuman quand j'ai commencé à travailler au Centre, ce que j'ai considéré comme un grand compliment une fois que j'ai lu cet étonnant chef-d'œuvre littéraire.

Hanuman possède la force de plusieurs divinités et il est si farouchement fidèle au Seigneur Rama qu'il a lutté contre les forces du mal pour sauver Sita, l'épouse de Rama, quand elle a été enlevée par un démon. Sur de nombreuses illustrations, on peut voir Hanuman, la poitrine ouverte, qui révèle l'image de Rama et de Sita tatouée sur son cœur. Cette idée m'avait émue parce que je sentais souvent mes proches tatoués sur mon propre cœur. Dans l'astrologie védique, Hanuman est associé à la planète Mars parce que c'est un guerrier et un défenseur, celui qui triomphe du mal, et j'admirais profondément le courage et le dévouement qu'il représentait.

Je voulais acheter la statue de Hanuman, mais je n'en avais pas les moyens. Le commerçant demandait une somme scandaleuse et, au moment où Kathy et moi essayions de marchander, un éléphant géant est apparu à la porte. Le propriétaire de l'éléphant nous a souri :

« Ces dames veulent-elle faire un tour ? »

Nous nous sommes regardées, stupéfaites. Parfois Ghanshyam est tellement intuitif que c'en est déconcertant. Que pouvions-nous faire d'autre ? C'était le jour où nous monterions sur un éléphant !

Même avec l'aide du propriétaire, nous avons eu beaucoup de mal à monter sur la plate-forme de bambou attachée au dos de la noble bête. Le temps que j'y arrive et que je hisse Kathy à côté de moi, nous avions attiré une petite foule, ravie de voir deux jeunes occidentales bravant une situation aussi inhabituelle. Nous étions assises terriblement haut et de façon plutôt précaire; l'éléphant n'avait fait que quelques pas lorsque Kathy a commencé à crier et s'est exclamée : « Je veux descendre ! » Elle a sauté du dos de l'éléphant dans les bras des spectateurs en liesse. J'ai tenu un peu plus longtemps, mais je suis moi aussi descendue. C'est alors que j'ai vu le commerçant courir vers moi en agitant la statue de Hanuman au-dessus de sa tête.

« Moitié prix, moitié prix, pour la dame sur l'éléphant, Hanuman est à moitié prix ! »

D'une façon ou d'une autre, Ghanshyam savait toujours ce que nous devions faire.

J'ai pris ma statue de Hanuman avec moi dans l'avion pour le vol de retour vers Montréal. J'aurais besoin de sa force et de son courage au cours des prochaines années lorsque le malheur viendrait tester ma détermination et disperserait notre joyeuse bande de pèlerins, qui avaient créé tant de merveilleux souvenirs ensemble en Inde.

15

Rêves et malheur

ON VOYAGE EN INDE correspondait à un changement subtil dans le cosmos, la fin d'un chapitre de ma vie et le début d'un autre.

Astrologiquement, le dasha de la Lune, qui durait dix ans et dans lequel j'étais entrée avant de me joindre au Centre, a pris fin au moment où je faisais mes valises pour l'Inde. Le temps d'atterrir à Calcutta, j'étais passée dans un dasha de Mars de sept ans. Comme je l'ai mentionné plus tôt, les dashas de l'astrologie védique sont des périodes pendant lesquelles nous sommes fortement influencés par les caractéristiques d'un corps céleste particulier. L'importance d'avoir été dans un dasha de la Lune au cours de ma première décennie au Centre est devenue plus évidente à mesure que je comprenais mieux l'astrologie.

La Lune est douce, nourricière et très créative, faisant du dasha de la Lune une période propice à l'établissement de racines, la création de liens solides avec les amis et la famille et le perfectionnement de soi grâce à l'étude, le dévouement et la dévotion. Lorsqu'on se trouve dans une atmosphère positive et chaleureuse, c'est une période incroyablement fertile pour la croissance personnelle, professionnelle et spirituelle. Dans mon cas, toutes ces merveilleuses possibilités étaient amplifiées parce que mon signe ascendant est le Cancer, et que le Cancer est gouverné par la Lune !

Mars, en revanche, est la planète de l'énergie, de l'action et de la guerre, et c'est la raison pour laquelle Mars est symbolisé par le soldat ou le guerrier depuis l'époque des Grecs et des Romains. Un dasha de Mars peut être une excellente période pour l'acquisition de biens et l'avancement professionnel, mais ce peut aussi être une période de difficultés et de lutte. Au cours d'un dasha de Mars, on peut, comme un guerrier, être attaqué par des ennemis et être victime d'accidents ou d'autres formes d'énergie maléfique. Pourtant, un dasha de Mars ne signifie pas nécessairement que nous traversons une phase négative de notre vie, seulement une période pleine de défis. Tout comme le dasha de la Lune, il peut offrir une occasion idéale de croître, mais la croissance au cours d'un dasha de Mars se mesure souvent par la manière dont nous réagissons à des situations négatives. C'est comme un champ de bataille où notre courage, notre force et notre ténacité sont mis à l'épreuve. Et j'allais certainement être mise à l'épreuve au cours des sept années suivantes.

À mon retour de l'Inde, je me suis rendue directement au Centre, que je considérais maintenant comme mon foyer. Passant devant notre galerie d'empreintes, j'ai admiré la collection de mains familières affichées le long des murs. Ces dix dernières années, j'avais étudié chacune d'elles et imprimé moi-même beaucoup d'entre elles. La galerie me donnait un sentiment d'accomplissement. J'avais fait beaucoup de chemin et tant accompli depuis que j'étais arrivée au Centre en quête d'un but. Je l'avais trouvé mon but, et bien plus encore. J'étais heureuse, et j'avais grandi personnellement, professionnellement et spirituellement.

Le Centre grandissait lui aussi, et j'étais fière de ma contribution à son développement. En fait, nous avions grandi si vite qu'il était difficile de garder le rythme. Nous avions plus de clients que jamais et nos classes débordaient; le bouche à oreille avait fait connaître notre programme de diplôme et les étudiants venaient de partout au Canada, des États-Unis et de l'Europe. Nous avions besoin de prendre de l'expansion et de trouver plus d'espace, dans un endroit qui fournirait l'environnement le plus sain possible pour que nos clients et nos étudiants puissent profiter au maximum des effets positifs de tout ce que nous avions à offrir.

Notre objectif était de construire un centre de mieux-être dans un cadre champêtre avec une quantité illimitée d'air frais, de soleil et d'eau propre, situé suffisamment proche de la ville pour être facile d'accès, mais assez éloigné pour permettre d'échapper au stress de la vie urbaine et de communier avec la nature. Nous avions également besoin d'un bâtiment qui pourrait accueillir de grandes conférences, des salles de classe pour le yoga et la méditation, et des studios pour les nombreuses thérapies holistiques que nous envisagions d'offrir. C'était une tâche plus ardue que ce que nous avions imaginé : depuis plusieurs années, nous recherchions une telle propriété à travers le Québec, l'Ontario, l'État de New York, la Nouvelle-Angleterre, et même la Floride, mais sans succès. Cela restait donc sur notre liste de choses à faire, un autre ajout au programme ambitieux que nous avions établi pour les mois à venir.

J'ai quitté la galerie et, dans mon bureau, j'ai accroché mon nouveau diplôme de l'Inde sur le mur et j'ai placé ma statue de Hanuman, mon guerrier de Mars et courageux héros, sur le petit autel de recueillement à côté de mon bureau. Et puis je me suis mise au travail, car il y avait beaucoup à faire. En plus des apparitions à la radio et à la télévision et des consultations, cours et conférences hors de la ville, nous venions de commencer à travailler sur le premier livre de Ghanshyam : *L'Amour dans les lignes de la main*. C'était un énorme projet dans lequel chaque membre du Centre mettait littéralement tout son amour.

Beaucoup, sinon la plupart, de nos clients venaient à l'origine nous demander de l'aide dans leur vie amoureuse, non seulement pour trouver l'âme sœur, mais aussi pour découvrir sincèrement comment remplir toute leur vie d'amour. Ils voulaient apprendre à créer des familles plus affectueuses, à exprimer leurs sentiments d'une manière plus ouverte et plus attentionnée, à réparer les relations rompues, à redonner de la vie à un amour sur le déclin, à s'aimer eux-mêmes, à accepter l'amour des autres et à comprendre comment connaître l'amour de Dieu. Ghanshyam avait toujours été convaincu que Dieu, la source de tout l'amour, réside dans le cœur humain; à bien des égards, l'œuvre de sa vie a été consacrée à cette cause : mettre les gens en symbiose avec leur propre cœur.

L'intention de *L'Amour dans les lignes de la main* était de montrer comment la chirologie peut être utilisée chez soi pour créer une fondation d'amour sur laquelle bâtir sa vie. Comme c'était une question que nous jugions extrêmement importante, nous avons tous mis la main à la pâte, aidés de beaucoup de nos amis et de nos familles. J'étais chargée de passer au crible des milliers d'empreintes pour sélectionner des cas réels capables d'illustrer le thème central de l'ouvrage. Ghanshyam a extrait le nectar de ses trente-cinq années en tant que chirologue. Et Kathy et Peter ont travaillé sans relâche sur le manuscrit avec l'aide de notre ami Pat Conway, directrice du département d'anglais au Collège Vanier.

De surcroît, nous avions une longue liste de clients en attente qui avaient pris rendez-vous auprès de Jaysri pendant que nous explorions l'Inde. Comme promis, Jaysri avait assuré la garde du Centre pour nous et avait même enseigné l'une des grandes conférences que je devais donner dans une bibliothèque, pour ne pas avoir à l'annuler pendant mon absence. Elle n'avait jamais parlé à un public auparavant et, même avec notre pile de notes, elle était terrifiée d'enseigner une matière qu'elle-même ne maîtrisait pas encore.

« Quand j'ai vu tous ces gens qui étaient venus m'écouter, je me suis mise à trembler, m'a-t-elle confié. Mais dès l'instant où je suis montée sur le podium, je suis devenue calme et sûre de moi et j'ai même réussi à y prendre du plaisir. Je pouvais sentir que vous, mes amis, étiez en train de penser à moi. »

Nous avions en effet pensé à elle, et elle avait capté cette énergie positive à 12 000 kilomètres de là. Jaysri a reçu des commentaires élogieux de ses élèves ce soir-là, mais son véritable talent était ailleurs, et Ghanshyam l'avait repéré pendant sa première consultation.

« Tu es née avec des mains de guérisseur; la guérison est ta passion et c'est la passion que tu dois poursuivre », lui a dit Ghanshyam, et il lui a offert l'occasion de faire exactement cela.

Notre centre de mieux-être devait fournir, entre autres, des massages ayurvédiques, c'est-à-dire une thérapie extrêmement utile pour étirer la colonne vertébrale, libérer notre souffle naturel, supprimer les blocages d'énergie et ouvrir les chakras. Bien que Jaysri n'ait aucune expérience professionnelle dans l'art du massage, Ghanshyam faisait confiance à son don. Il lui a demandé si elle aimerait être la première massothérapeute à plein temps du Centre et, quand elle a accepté, il l'a envoyée suivre une formation en massage thérapeutique et en réflexologie avec Rémi Riverin, notre nouveau venu. Pendant ce temps, nous continuions à rechercher un site approprié pour réaliser notre rêve de construire un centre de mieux-être, et nous l'avons finalement trouvé… dans un rêve !

En novembre 1997, Ghanshyam, Kathy, Peter et moi sommes allés à Niagara Falls pour assister à un séminaire sur la magnétothérapie, une technique de guérison que nous avions l'intention d'inclure dans notre nouvel établissement. Sur le chemin du retour, nous nous sommes arrêtés à un motel qui était en vente, sur le spectaculaire archipel des Mille-Îles à cheval sur la frontière canado-américaine le long du Saint-Laurent. Nous espérions que ce serait un bon emplacement pour le centre de mieux-être, mais avons été déçus par sa sombre atmosphère. Ce n'était pas ce que nous recherchions, mais nous y avons quand même passé la nuit.

Lorsque nous nous sommes réunis pour le petit déjeuner le lendemain matin, Ghanshyam paraissait différent; il était pensif, avait un sourire étrange et regardait au loin, comme en transe.

« J'ai fait un rêve incroyable la nuit dernière et je n'en suis pas encore vraiment sorti, a-t-il commencé. Je me trouvais sur une belle prairie au milieu des rayons du soleil quand j'ai soudain commencé à léviter. *Ça alors*, ai-je pensé, *je suis en train de léviter !* »

« Alors je me suis tourné, dans les airs, et j'ai vu le seigneur Vishnou qui flottait derrière moi. Je savais que c'était lui. Il était exactement comme il est représenté dans de nombreux portraits : les traits fins, la peau bleue, un disque enfilé sur son doigt de Jupiter (l'index) et tenant dans l'autre main une conque symbolisant les cinq éléments de l'existence. Et pourtant, je ne pouvais pas en croire mes yeux et j'ai dû lui demander : »

« Vishnou… C'est bien toi ? »

« Le seigneur Vishnou a mis le doigt sur les lèvres, me faisant signe de me taire, puis il a communiqué avec moi par télépathie. »

« Suis-moi, a-t-il dit sans un mot, et nous nous sommes tous les deux élevés dans les airs. Je n'avais jamais connu une telle paix. Je me suis abandonné à la beauté du moment. Nous avons vogué dans l'espace jusqu'à ce que nous arrivions au-dessus d'un lac scintillant. Le lac, qui avait un rivage de sable doré rougeâtre, était au milieu d'une forêt luxuriante entourée par des collines. »

« Aimes-tu cet endroit ?, m'a demandé Vishnou. »

« Oh, oui !, ai-je répondu. Comment pourrais-je ne pas l'aimer, c'est un paradis ! »

« Vishnou m'a souri, puis il est parti. C'est tout. Après ça, je me suis réveillé. »

Lorsque Ghanshyam a terminé de raconter son rêve, nous sommes restés un moment silencieux, captivés par l'intensité de son histoire. Puis Peter s'est écrié :

« Wow, Ghanshyam, quel rêve extraordinaire ! »

Mais je sentais que ce n'était pas un rêve : Ghanshyam avait eu une vision.

Quand nous sommes rentrés à Montréal, notre répondeur incluait le message d'un agent immobilier qui cherchait un terrain pour nous.

« Je pense que j'ai enfin trouvé quelque chose que vous aimerez… En fait, je suis sûr que vous allez aimer l'endroit. C'est une sorte de paradis. »

« Ça y est, a déclaré Ghanshyam. Je sais que c'est le bon. »

146

La propriété était à une heure et demie de route au nord-ouest de Montréal, juste à l'extérieur de la petite ville de Chénéville, au Québec, et non loin de Mont-Tremblant, la célèbre station de ski dans les Laurentides.

La première fois que nous avons visité Chénéville, c'était en plein hiver et, malgré le froid, il était impossible de ne pas être impressionné par la beauté de l'endroit : un paysage hivernal féérique ! La propriété était en effet au bord d'un lac privé, entouré de collines et de 500 acres de forêt. Bien que le lac soit gelé et recouvert de neige, ce qui empêchait de voir s'il y avait un rivage de sable doré, tout correspondait à ce que Vishnou avait montré à Ghanshyam dans le rêve.

La propriété de Chénéville avait été autrefois une retraite spirituelle pour des prêtres sulpiciens. Plus récemment, sous le nom de Camp Cœur Joie, elle abritait un camp d'été pour les enfants. Elle comptait une demi-douzaine de bâtiments, la plupart d'entre eux délabrés et en piteux état, mais il y avait un grand bureau, de nombreuses chambres à la fois dans la résidence des anciens prêtres et dans les dortoirs des enfants, une cuisine de taille industrielle dans le bâtiment principal avec une immense cafétéria qui pourrait facilement servir de salle de conférence, et enfin un puits profond offrant une eau propre et pure.

En visitant le terrain, nous sommes passés devant un bouquet de cèdres dissimulant une petite grotte. Levant la tête, nous nous sommes trouvés face à une statue grandeur nature de la Vierge Marie, les yeux fixés sur nous, les bras ouverts en un geste de bienvenue, les paumes tournées vers le ciel.

« Mère Divine », a murmuré Ghanshyam avec révérence.

Les paroles prophétiques de Bhrigu Nathulal adressées à Ghanshyam pendant sa lecture astrologique en Inde, un an auparavant, ont soudain pris forme et se sont matérialisées devant nos yeux.

Vous allez créer un ashram et un établissement de recherche sur le Hast Jyotish, une école où les gens viendront étudier et séjourner en étant nourris et hébergés. Il y aura de nombreux bâtiments et une grande propriété nécessitant beaucoup de travail. Et il y aura une statue de la Mère Divine en ce lieu. Vous êtes protégé et soutenu, et vous avez l'inspiration pour faire de grandes choses, par la grâce de Dieu.

« Je pense que je ferais mieux de commencer à remplir les papiers, a de nouveau murmuré Ghanshyam. Il semble que nous soyons destinés à acheter cet endroit. »

La taille de la propriété était intimidante pour une fille de la ville comme moi. Elle était aussi grande qu'un parc national. Aucun de nous ne pouvait réfuter les mots de Ghanshyam : le destin nous avait amenés ici. Et quand nous y sommes retournés après la fonte des neiges au printemps, nous avons pu voir clairement la rive du lac et sa plage de sable doré rougeâtre.

Les visions, rêves et prophéties ont été suivis par les avocats; après six mois de négociations juridiques, nous avons finalement acheté la propriété de Chénéville le 22 juin 1998 et avons commencé à créer notre centre de mieux-être.

Suite à un tourbillon d'activités, le premier des bâtiments a été prêt à être occupé le 18 août, pour le 57ᵉ anniversaire de Ghanshyam. Le lendemain, Peter a conduit Ghanshyam pour qu'il passe sa première nuit sur le site officiel de Chénéville. Presque tout le personnel du Centre était là, travaillant sur la propriété, réparant la cuisine et la salle de classe, nettoyant la plage pour la baignade, construisant le studio de massage et préparant l'auberge pour les clients.

Kathy et moi sommes restées à Montréal où nous avions des étudiants venant de Californie et de Chine, des clients réguliers, des apparitions dans les médias, en plus de la dernière ébauche de *L'Amour dans les lignes de la main* que nous nous dépêchions de terminer pour respecter notre échéance de publication.

Nous étions tellement occupées que nous dormions au bureau, et tellement préoccupées que nous avons négligé de prêter attention aux présages autour de nous le jour où Ghanshyam et Peter sont partis pour Chénéville. Une volée de corbeaux n'a pas arrêté de croasser devant notre bâtiment et nous avons eu une soudaine infestation d'araignées et de fourmis. Ces deux incidents combinés nous avertissaient d'un danger imminent.

Peu après minuit, nous avons fini notre journée de travail. Kathy est allée dormir sur un lit de camp dans l'arrière-salle, tandis que je couchais par terre enveloppée de couvertures dans mon bureau. Je me suis réveillée vers 2 heures du matin au son de la voix urgente de Kathy qui, à genoux à côté de moi, essayait de me tirer de mon sommeil profond. J'ai ouvert les yeux, confuse par le nuage de lumière orange à l'arrière du Centre. Puis j'ai senti la fumée. Me levant d'un bond, je me suis instinctivement dirigée vers la galerie des empreintes pour prendre tout ce que je pouvais sauver. Kathy m'a attrapée par le bras.

« On n'a pas le temps de prendre quoi que ce soit, Guylaine. Le bâtiment est en feu, nous devons sortir d'ici », a-t-elle annoncé d'un ton ferme mais remarquablement calme.

Je me suis retournée et j'ai regardé ma statue de Hanuman.

« *Tout de suite*, Guylaine, nous devons sortir d'ici *immédiatement* ! »

Nous avons réussi à sortir et sommes restées au milieu de la rue, pieds nus et en pyjamas, tandis que les flammes dévoraient l'arrière du bâtiment. Quelques minutes plus tard, nous avons entendu les camions de pompiers en haut de la rue, leurs sirènes assourdissantes se réverbérant entre les immeubles, et leurs lumières rouges qui tournaient sans cesse, éclairant tout d'une lueur infernale.

Un chœur déchirant de jappements et de miaulements a jailli de l'hôpital vétérinaire voisin. Un des pompiers a fracassé la porte vitrée de l'hôpital avec une barre de métal, et une horde de chiens et de chats terrifiés a bondi à travers les éclats de verre pour s'élancer dans la rue. Le hurlement aigu et pitoyable des animaux en cage qui ne pouvaient pas s'échapper a redoublé de force. Je me suis bouché les oreilles, incapable d'entendre ça.

Au moyen d'échelles hissées au-dessus du Centre, d'autres pompiers sont descendus sur le toit, taillant le bois des bardeaux à coups de hache. Ils ont projeté de puissants jets d'eau à travers les fenêtres. Le Centre a grésillé comme s'il était en train de mourir. Je me suis mise à pleurer et Kathy, m'a dit : « Sois forte, Guylaine, nous devons être fortes. »

Un voisin nous ayant permis d'utiliser son téléphone, nous avons appelé Keero pour lui raconter ce qui se passait. Il est arrivé à 3 heures avec deux énormes imperméables et deux paires de ses gigantesques souliers de sport que nous avons enfilés. Nous avions l'air d'une troupe de comédie burlesque, et nous aurions bien ri de nous-mêmes si le résultat de notre laborieux travail n'était pas en train de disparaître en flammes et en fumée devant nos yeux.

Denise, qui vivait dans un immeuble voisin, avait entendu les sirènes et avait couru voir où était le feu. Elle était aussi dévastée que nous quand elle a vu qu'il s'agissait du Centre. Elle s'est jointe à nous et, toutes les trois, nous avons regardé, impuissantes, le bâtiment brûler. Une foule s'est assemblée et, lorsque les journalistes et leurs caméras de télévision sont arrivés, nous nous sommes reculées dans l'ombre, trop choquées et trop désespérées pour partager notre chagrin avec des étrangers.

En début de matinée, le feu a fini par être éteint; nos amis et clients qui avaient vu les reportages à la télévision ont commencé à arriver pour offrir du soutien et des condoléances. N'ayant pas pu me joindre par téléphone, ma mère et André ont fait la route depuis Valleyfield pour s'assurer que nous étions sains et saufs.

Le matin venu, lorsque le restaurant d'à côté a ouvert ses portes, j'ai utilisé leur téléphone pour appeler Ghanshyam à Chénéville et lui dire que nous avions eu un incendie. Lui et Peter sont arrivés quelques heures plus tard et, quand ils sont sortis de la voiture, Ghanshyam a été soulagé de nous voir, et aussi de se rendre compte que le devant du bâtiment n'était pas gravement endommagé. Mais quand nous avons traversé la ruelle vers l'arrière de l'immeuble où l'incendie avait vraiment fait rage, le Centre avait l'air d'une coque vide et grillée. Ghanshyam a alors chancelé; nous l'avons attrapé avant qu'il ne s'écroule et l'avons enveloppé de nos bras pour le maintenir debout. Il a fondu en larmes.

« Oh, mon Dieu, j'ai failli vous perdre, j'aurais pu vous perdre toutes les deux », a-t-il sangloté, levant les yeux vers le deuxième étage où nous avions dormi.

Tout ce que nous pouvions voir d'où nous étions était le bois noirci et calciné, le boîtier blanc de l'ordinateur de Kathy et la grande affiche de Paramahansa en robe safran, qui avait miraculeusement survécu à l'incendie et était restée pratiquement intacte.

« Qu'allons-nous faire, Ghanshyam ? », ai-je demandé, trop faible, fatiguée et accablée pour penser à l'avenir.

« Quel choix avons-nous ?, a-t-il rétorqué. Nous allons reconstruire. Nous poursuivrons notre tâche. C'est ce que nous sommes censés faire, donc c'est ce que nous allons faire. »

16

« *Tout obstacle renforce la détermination.* »
Léonard de Vinci

LA POLICE A MIS le Centre sous clé et les enquêteurs d'incendie ont scellé la zone par du ruban jaune. Notre bâtiment fumait encore des heures plus tard, et personne n'était autorisé à y pénétrer jusqu'à ce que la cause de l'incendie soit déterminée et la structure sécurisée. Heureusement, avec son visage d'honnête homme et son éloquence typiquement irlandaise, Peter a convaincu le commissaire des incendies de le laisser entrer dans le Centre pendant quelques minutes. Il en est ressorti avec le gros ordinateur de Kathy dans les bras.

« C'est un terrible gâchis là-dedans, a-t-il annoncé à la demi-douzaine d'entre nous, tristement réunis à l'extérieur du ruban de police. Le système de gicleurs a fonctionné et tout ce qui n'a pas brûlé a été inondé. Il semble que tout soit saccagé, absolument tout. C'est un miracle que cet ordinateur ait survécu. »

C'était véritablement un miracle : l'ordinateur en question contenait la seule copie de notre manuscrit de *L'Amour dans les lignes de la main*, sur lequel nous avions travaillé si fort pendant un an et demi et qui était pratiquement terminé.

La description qu'avait faite Peter de la dévastation nous a profondément affectés et nous nous sommes retrouvés au restaurant du coin pour une réunion d'urgence en vue de discuter de notre avenir immédiat. Encore trop hébétées et fatiguées pour penser ou pour parler, Kathy et moi nous sommes contentées d'écouter.

« Nous devons dire une prière pour remercier Dieu que nous n'ayons perdu personne et que personne n'ait été blessé, parce que c'est ce qui compte vraiment », a déclaré Ghanshyam, en nous regardant, les larmes aux yeux. Il a baissé la tête et s'est tu pendant quelques instants. À part le bruit des assiettes dans la cuisine, nous étions tous assis ensemble dans un silence complet.

« Bon, où en sommes-nous maintenant ? a poursuivi Ghanshyam. Nous avons perdu notre bureau, du moins temporairement, mais nous n'avons pas perdu notre mission. Nous devons continuer. Nous devons poursuivre la rénovation du centre de mieux-être, faire publier notre livre et trouver un nouvel emplacement pour les consultations et les cours, jusqu'à ce que le Centre fonctionne à nouveau. Cela pourrait prendre un certain temps, alors je crains que nous devions tous accepter une réduction de salaire jusqu'à ce que nous retombions sur nos pieds financièrement. »

Dans l'immédiat, l'argent était notre plus grande préoccupation. Nous avions tout investi dans le centre de mieux-être et dans les récentes rénovations du Centre lui-même. Nous savions que nous pouvions être bloqués par la compagnie d'assurance pendant des mois, voire des années, et sans locaux pour les cours ou les consultations, nous n'avions aucune source de revenus. Nous ne savions même pas si nous pouvions nous permettre le déjeuner que nous venions de commander, et encore moins le loyer d'un nouveau bureau.

« Nous pouvons utiliser mon appartement comme nouveau bureau », a soudain déclaré Denise, offrant son logement qui n'était qu'à cinq minutes à pied du Centre, pour nous éviter de devoir fermer nos portes. « J'ai un grand appartement avec deux chambres, mais je serai heureuse d'emménager dans un studio pendant un an, ou le temps que ça prendra.

« Nous pouvons installer un bureau de réception dans le salon, a-t-elle poursuivi. Nous pouvons prendre les empreintes à l'évier de la cuisine, utiliser les deux chambres pour les consultations… et la salle à manger est assez grande pour une classe de 20 à 30 étudiants. Il faudra se serrer un peu, mais avec une nouvelle couche de peinture et quelques meubles de bureau, ce sera confortable et très professionnel. »

« Et tous ceux qui ne peuvent pas se permettre de garder leur propre appartement, a offert Johanne à son tour, sont les bienvenus chez nous aussi longtemps qu'ils le souhaitent. » Elle et Peter habitaient dans le même immeuble que Denise.

« Nuestra casa es su casa, a ajouté Peter, notre maison est votre maison. »

« Formidable !, a dit Ghanshyam en claquant des mains et en affichant un énorme sourire. C'est ça l'idée ! C'est tellement beau ! Commençons dès aujourd'hui ! On va contacter tous nos clients et nos étudiants pour leur dire où nous trouver et on va arranger l'appartement de Denise. Quelques-uns d'entre nous peuvent rester à Montréal pour les cours et les consultations et tous les autres iront à Chénéville pour travailler sur le centre de mieux-être. Qu'en pensez-vous ? »

Comment ne pas admirer Ghanshyam et ne pas être inspiré par sa détermination et son enthousiasme ? C'était contagieux. Je me suis penchée pour regarder notre petite assemblée de chirologues survivants. Plusieurs personnes de notre groupe de voyageurs en Inde ne parviendraient pas à rester au Centre pendant les mois suivants. La confusion et la réduction salariale seraient trop pénibles et plus de la moitié du personnel s'en irait vers d'autres horizons. Mais de nouveaux membres dévoués comme Jaysri et Rémi nous avait rejoints et resteraient pour toujours. Le matin après l'incendie, le groupe de base rassemblé dans le restaurant était solide, résolu et uni. J'étais encouragée par l'esprit de camaraderie que je ressentais parmi nous à ce moment-là, et ce, malgré le choc de la tragédie que nous venions d'endurer et l'ampleur de la tâche qui nous attendait.

« Ça va être difficile », ai-je soupiré, ne réalisant pas que je parlais à haute voix.

« Difficile ? Peut-être, a déclaré Rémi, de son sourire radieux, mais rien n'est impossible ! » Comme Ghanshyam, c'était un éternel optimiste et j'étais heureuse de l'avoir dans l'équipe.

Deux jours plus tard, nous avions accès au Centre, et c'était pire que je ne le craignais. La galerie des empreintes était détruite, tout comme la belle collection de livres rares sur le *Hast Jyotish* que Ghanshyam et Kathy avait amassée pendant les 25 dernières années. Tout empestait la fumée et des pigeons entraient par les trous béants qu'avaient pratiqués les pompiers à travers le toit. Nous avons passé des jours à nettoyer les dégâts. Peter et Rémi pataugeaient dans les flaques d'eau sale et, chaussés de bottes de caoutchouc leur montant jusqu'aux genoux et le visage derrière un masque de protection, ils jetaient des monceaux de plâtre brûlé, de fragments de bois et de verre brisé dans des sacs à ordures industriels.

Les experts en sinistres ont passé les décombres au peigne fin, ordonnant que tout ce qui était mobile soit stocké dans un local d'entreposage en banlieue, où ils ont moisi et pourri pendant un an, tandis que Ghanshyam se querellait avec notre assureur au sujet de la demande de règlement. Et beaucoup de nos biens les plus précieux ont mystérieusement disparu. Traiter avec la compagnie d'assurance s'est avéré plus pénible que l'incendie qui, comme nous l'avons appris, s'était déclaré dans l'hôpital vétérinaire d'à côté. Au moment où notre mobilier était emporté, j'ai tranquillement glissé ma statue de Hanuman dans ma veste, puis Kathy et moi avons récupéré tous nos fichiers et empreintes avant qu'ils puissent être confisqués.

Nous avons acheté deux fers à repasser et, nous servant d'une petite table dans la cuisine de Denise comme planche à repasser, nous avons commencé à soumettre au pressage à chaud des milliers d'empreintes et autres documents détrempés afin d'éviter qu'ils moisissent et afin de les sécher avant de les numériser. C'était un processus laborieux et nous travaillions comme des blanchisseuses d'ateliers de misère, encore poussées par l'adrénaline pendant des semaines après l'incendie. Nous avons fini par jeter la plupart des fichiers parce qu'ils étaient trop endommagés pour être conservés mais, par bonheur, nous avons pu préserver numériquement toutes les belles empreintes que nous avions prises au fil des ans.

Les lignes de téléphone et de télécopieur du bureau ont été transférées à l'appartement de Denise, et j'ai pu y faire des consultations quelques jours à peine après l'incendie.

Ma première cliente dans notre nouvel espace était là pour me rappeler que j'étais en plein dasha de Mars. C'était une jeune et jolie danseuse exotique à la chevelure de feu, qui travaillait dans un club de strip-tease de Montréal et se faisait appeler « Chanel ». Elle avait hâte de changer de carrière et, après plusieurs consultations, elle a pris, trois fois par semaine, des leçons privées de chirologie avec moi. Chanel voulait devenir chirologue et semblait très intéressée par l'apprentissage de la chirologie et de l'astrologie. Elle était ponctuelle et courtoise, et avait un sens de l'humour qui me faisait toujours rire. Nous passions de bons moments ensemble. Étant intelligente, elle a très rapidement saisi les éléments de base; elle étudiait même la philosophie védique pendant ses pauses cigarette au club de strip-tease.

Et puis un jour, elle est arrivée dans une humeur massacrante. Elle a ouvert la porte de ma garde-robe et a commencé à fouiller dans mes vêtements :

« C'est quoi tout ça ? », a-t-elle crié, avant de se précipiter dans la cuisine et d'ouvrir la porte du réfrigérateur.

« C'est quoi toute cette nourriture ? Tu *vis* ici ? », a-t-elle questionné en fonçant sur moi. Je suis passée derrière mon bureau.

« Tu donnes ces cours illégalement ! Regarde un peu cet endroit, c'est ta maison, pas une école ! Comment puis-je savoir si je vais même obtenir un diplôme légitime à la fin de mes études ? »

« Chanel, je te l'ai dit, le Centre est en rénovation après l'incendie, et nous... »

« Je me fiche de ce que tu m'as dit. Rends-moi mon argent tout de suite, jusqu'au dernier sou. Rends-moi tout mon argent, *immédiatement* ! »

C'était la fureur la plus hostile que j'aie jamais rencontrée en douze ans de chirologie. Je venais d'être attaquée et il m'a fallu une minute pour me ressaisir.

Reste calme et professionnelle; essaie de l'aider, me suis-je dit en respirant à fond.

« Écoute, Chanel, parlons de ce qui te tracasse. Si tu n'es pas satisfaite et que tu ne veux pas poursuivre les cours, je serai heureuse de contacter le directeur pour te faire rembourser. Je suis vraiment désolée que tu sois malheureuse et je souhaite... ».

« C'est *toi* qui va être désolée, Guylaine. Si je n'ai pas mon argent rapidement, mon petit ami va venir te chercher, et il va te casser les deux jambes ! »

Elle est sortie en claquant la porte.

Ce qui s'était passé me faisait de la peine. J'étais persuadée qu'elle voulait vraiment changer sa vie. La chirologie l'avait aidée à mieux comprendre son passé, sa personnalité et sa situation actuelle, mais quelque chose s'était mis en travers de sa détermination. J'étais intimement convaincue que son patron – ou peut-être son maquereau ! – redoutait de perdre les capacités lucratives de Chanel et avait fait pression sur elle pour qu'elle renonce à s'améliorer.

Le petit ami de Chanel n'est jamais venu et mes jambes sont restées intactes. Nous avons quand même remboursé ses frais de scolarité, mais j'ai gardé ses empreintes, qui en disaient long sur sa vie. Sa ligne de destinée était stoppée par sa très courte ligne de tête, révélant que sa façon de voir à court terme sabotait son avenir. Et l'immense phalange de la volonté de son pouce, combinée à son gros Mars négatif, engendrait ce dont j'avais personnellement été témoin : des décisions irréfléchies et des explosions soudaines de négativité, de colère et de violence. Mais je suis certaine que ses lignes et sa vie auraient changé si elle s'était consacrée à la chirologie un peu plus longtemps. C'était vraiment dommage. Je n'ai jamais oublié Chanel; j'espère qu'elle a réussi à se libérer de son milieu troublé et qu'elle a changé le cours de sa destinée. Personne n'est prisonnier de son sort, mais il faut faire de gros efforts pour déjouer les astres.

Heureusement, aucun autre étudiant ou client ne s'est jamais plaint de notre emplacement temporaire. Mais ma rencontre avec Chanel avait été si inquiétante que je me posais des questions sur le rôle de Mars dans ma vie et je me demandais pourquoi j'avais attiré l'énergie d'une personne aussi malsaine et aussi négative. J'ai commencé à garder une image de Hanuman dans mon portefeuille : je voulais me sentir protégée par sa force et faire appel à son courage en permanence pendant les cinq années restantes de mon dasha de Mars.

Peu de temps après cette confrontation désagréable, nous avons envoyé chez l'imprimeur la version finale de *L'Amour dans les lignes de la main*. Du Vermont, notre éditeur américain a appelé le bureau.

« J'aime le livre, a-t-il dit. Et je pense qu'il pourrait très bien se vendre avec une bonne promotion. Malheureusement, nous n'avons aucun budget promotionnel… Mais je vous conseille vivement de faire votre propre tournée. »

Malgré nos finances très limitées, il était important que nous fassions connaître notre premier livre au reste du monde. Nous avons tous accepté de nous serrer une fois de plus la ceinture pour financer une tournée qui mènerait Ghanshyam, Kathy et Peter à travers les États-Unis et le Canada. Parce Ghanshyam avait terriblement peur de l'avion, ils prendraient la route dans la vieille Subaru de Peter. Ils sont partis en janvier 1999 pour ce qui était censé être une tournée de trois mois, mais elle a eu beaucoup plus de succès que nous aurions pu l'imaginer. Nous avons commencé à faire des percées importantes aux États-Unis et à trouver des clients dans des régions que nous n'avions jamais cru pouvoir atteindre.

La tournée de quatre vingt dix jours est devenue une odyssée de six ans qui a conduit notre groupe itinérant d'apôtres de la chirologie le long de la côte est du Maine à Miami, dans le Centre et les Prairies du Canada, et dans le Midwest, le Sud-Ouest et le Sud profond des États-Unis. Ils ont vécu pendant des mois à partir de leurs valises, préparant des repas indiens sur les plaques de cuisson de chambres de motel bon marché. Ils ont sillonné le continent dans tous les sens, faisant la promotion de *L'Amour dans les lignes de la main* et présentant le *Hast Jyotish* à l'Amérique, une main à la fois.

La tournée a divisé notre personnel déjà réduit en trois équipes : l'équipe de Chénéville qui bâtissait le centre de mieux-être; l'équipe de Montréal qui assurait les cours et les consultations, tout en supervisant la rénovation du Centre brûlé; et notre équipe mobile chargée de la promotion du livre. Pour financer la tournée interminable du livre et garder l'équipe mobile autonome, Johanne occupait le poste de commande central à Chénéville et, en plus d'assurer l'accueil, de cuisiner pour les clients du centre de mieux-être, de traduire *L'Amour dans les lignes de la main* en français et de faire ses propres consultations, elle coordonnait les conférences, les apparitions dans les foires ésotériques et les consultations privées des trois membres de l'équipe mobile dans chaque ville qu'ils traversaient.

Ils revenaient régulièrement pour de courtes visites et pour faire le plein de livres avant de reprendre la route. Nous nous sommes assurés qu'ils ne manquent jamais de stocks en rédigeant et en publiant deux autres livres pendant leur tournée américaine : *Magnet Therapy* (Magnétothérapie et Médecine traditionnelle) avec notre amie, la gemmologue Colette Hemlin et *La Destinée dans les lignes de la main*, qui faisait suite à *L'Amour dans les lignes de la main* et illustrait comment forger sa propre destinée grâce à la chirologie.

Ma séparation de Kathy et de Ghanshyam, mes professeurs et mentors dévoués, pour une période aussi longue m'était difficile. J'étais habituée à compter sur leur constante compagnie et sur tout ce qui y était lié : soutien moral, encouragements, amitié profonde et conseils judicieux. Denise et Johanne étaient des amies très chères, en plus d'être des collègues exceptionnelles et travailleuses, mais sans la bouée de sauvetage immédiate de

Ghanshyam et de Kathy, j'étais livrée à moi-même plus souvent que je l'avais été depuis des années. Et j'étais forcée de devenir plus autonome à la fois personnellement et professionnellement. Ce n'était pas toujours facile, mais cette situation m'a poussée au-delà de mes limites, m'a fait plonger plus profondément dans mon métier, et m'a fourni une occasion de donner en retour et de prouver mon dévouement à mes amis, mes professeurs et ma cause.

C'était moi qui avais le plus d'ancienneté pendant l'absence des autres et j'étais responsable de tout ce qui se passait au Centre. Comme nous étions à court de personnel, chacun devait assumer le double de tâches, tout en restant très concentré sur ses propres responsabilités.

Une de mes nouvelles fonctions était de donner les cours de Kathy et de Ghanshyam pendant qu'ils étaient sur la route, y compris les cours d'astrologie avancée de Ghanshyam. Il enseignait l'astrologie depuis 30 ans, alors que je n'avais jamais donné de cours d'astrologie de ma vie !

Pour me préparer, Ghanshyam enregistrait ses leçons quand il était sur la route, d'un État à l'autre, puis il m'envoyait les cassettes par messagerie depuis la prochaine ville importante. Invariablement, les enregistrements me parvenaient à la dernière minute, la veille du cours, et je passais la nuit à transcrire et à étudier.

Une autre de mes nouvelles tâches consistait à agir comme contremaître en traitant avec les entrepreneurs et les ouvriers qui rénovaient le Centre à Montréal. Les visites du chantier ont fait partie de mon emploi du temps normal au cours des deux années qu'il a fallu pour réparer et réaménager notre bureau principal. Parallèlement, je devais fréquemment faire des apparitions à la radio et à la télévision, donner des cours privés et assurer les consultations de ma propre clientèle, qui a presque doublé lorsque l'émission de Claire Lamarche dans laquelle j'étais apparue en 1996 a été rediffusée.

Je faisais souvent huit consultations par jour et, avec l'enseignement et mes autres fonctions, je travaillais fréquemment 80 heures par semaine. Et je manquais certainement de sommeil, ce qui était aggravé par le vacarme permanent du chantier de construction à côté de l'appartement de Denise. Je n'avais absolument pas besoin d'un réveil : pendant une année entière, j'ai été réveillée à l'aube tous les matins par la mitrailleuse assourdissante des marteaux-piqueurs qui continuaient à résonner dans mes oreilles pour le reste de la journée. Cette véritable agression de mon système me mettait les nerfs à fleur de peau et j'étais étonnée qu'aucun de mes clients n'en ait jamais fait mention, même quand je devais crier pour être entendue lors d'une consultation ou d'un cours.

Chaque soir, je m'effondrais dans mon lit vers 22 ou 23 heures et j'appelais l'équipe mobile pour faire le bilan de la journée. C'était bon d'entendre leurs rapports d'étape inspirants de New York, Boston, Honolulu, Sedona, ou ailleurs dans le monde. J'étais tellement épuisée que je m'endormais souvent le téléphone à la main en écoutant leurs voix enjouées.

Le week-end, Denise et moi partions aider l'équipe de Chénéville qui s'occupait de réparer les toitures, débroussailler la forêt, défaire les barrages de castors, creuser les puits et aménager les magnifiques terrains. Je faisais des consultations le samedi et je passais ensuite de longues heures le dimanche après-midi à décaper et repeindre la myriade de meubles achetés à l'Armée du Salut pour équiper le centre de mieux-être. Le travail était dur, mais voir notre lieu de détente à la campagne lentement prendre forme était la meilleure thérapie de rajeunissement qu'un médecin puisse prescrire et, à part ma méditation matinale et mon Kriya quotidien, c'était mon seul répit dans l'horaire implacable où j'étais enfermée.

Un jour glacial de février, je supervisais un tournage promotionnel du centre de mieux-être pour annoncer une offre spéciale que nous prévoyions pour la Saint-Valentin. Notre photographe prenait des clichés du magnifique paysage et avait besoin d'un couple qui poserait comme des amoureux : Denise et Rémi se sont portés volontaires. Rémi a mis un genou à terre et a demandé à Denise de l'épouser, refusant de se relever jusqu'à ce qu'elle dise oui. Le photographe impatienté s'est écrié :

« Hé, arrêtez de plaisanter ! »

« Qui plaisante ? », a rétorqué Rémi, et il a de nouveau fait sa demande à Denise. Ce fut le début d'une belle relation et, vu que Rémi et Denise sont restés ensemble et se sont même mariés, ils sont à ce jour notre plus grand succès de l'offre spéciale de la Saint-Valentin ! Pour moi, leur bonheur était un joyeux présage de l'avenir que nous avions envisagé pour le centre de mieux-être, un endroit où célébrer la vie et l'amour, où se concentrer sur ce qui compte le plus, où rêver de ce qui est possible et où matérialiser nos rêves. C'était vraiment une journée merveilleuse !

Il en allait de même pour les jours où Kathy, Ghanshyam et Peter rentraient à Montréal, tous les cinq ou six mois, leurs valises pleines à craquer de cadeaux, et le cœur et la tête remplis des récits de leurs aventures. J'étais tellement heureuse quand nous étions tous ensemble, et fière du rôle que je jouais en aidant à offrir la chirologie védique au reste du monde. Je détestais voir l'équipe mobile repartir, mais je n'oubliais jamais ce que ma mère disait pendant les dix années que Papa a passées loin de la maison quand il travaillait dans l'État de New York :

« Notre amour ne s'en va pas; nous nous retrouvons toujours et nous sommes plus forts que jamais. Tant qu'il y a de l'amour, tout va bien ! »

Et tout allait bien en effet, mais ça ne m'empêchait pas d'être anxieuse. L'anxiété était l'une de mes « 12 faiblesses » qui m'assaillait encore et dont je m'efforçais de me débarrasser. Durant cette période mouvementée, j'ai pris de mauvaises habitudes alimentaires (je l'avoue, je mange des croustilles – qu'on appelle « chips » au Québec – quand j'ai besoin de réconfort !). En un rien de temps, j'avais pris presque dix kilos. J'étais navrée de voir que je n'entrais plus dans certains de mes vêtements, mais j'en suis venue à considérer mon excédent de poids comme mon « gras du guerrier Mars », c'est-à-dire une couche de rembourrage pour me protéger des problèmes et souffrances qui accompagnent souvent un dasha de Mars. Et j'avais besoin de toute la protection possible. Dans mon thème astral, Mars est placé dans la 11ᵉ maison, ce qui peut indiquer des difficultés avec les frères aînés et, dans mon cas, ces difficultés ont été dévastatrices.

Le 19 septembre 1999, je voyais des clients hors de la ville chez des étudiants de longue date, Isabelle et Denys, lorsque leur téléphone a sonné en plein milieu d'une consultation. Quand on m'a dit que l'appel était pour moi, je savais que ça ne pouvait pas être de bonnes nouvelles. C'était mon frère Gaston.

« Guylaine, dans combien de temps peux-tu être à Valleyfield ? André est à l'hôpital. Il est dans le coma. Il a un anévrisme au cerveau. Ça s'annonce mal. »

« J'arrive », ai-je répondu, et j'ai raccroché.

Oh mon Dieu, non... pas André ! Je me suis excusée auprès de mes clients et je les ai laissés au milieu de la consultation. J'aimais tous mes frères également, mais André, Mimi et moi étions les plus jeunes et un lien très étroit s'était développé entre nous. Dans notre enfance, nous étions comme les Trois Mousquetaires : tous pour un et un pour tous, et cette intimité ne nous avait jamais quittés.

Quelques heures plus tard, je suis arrivée à la chambre d'hôpital d'André en même temps qu'un prêtre. Mimi et Réjean étaient déjà là et nous nous sommes tous embrassés.

« Nous avons dit à Maman de rentrer se coucher, a sangloté Mimi, elle est vraiment secouée. Les médecins font encore des tests, mais ils disent que nous devrions nous attendre au pire. Ils ne peuvent même pas nous dire s'il va se réveiller. Nous allons te laisser avec lui pendant quelques minutes. »

Elle et Réjean ont quitté la chambre et j'ai pris la main de mon frère chéri dans la mienne, en espérant qu'il puisse entendre ma voix de son profond coma.

« C'est Guylaine, André... Je t'aime. Je t'ai toujours aimé et je t'aimerai toujours. »

Le prêtre se tenait de l'autre côté du lit. Il a fait le signe de la croix sur André, lui a mis de l'huile sur les paupières et a commencé à parler en latin.

« Per istam sanctam Unctiónem et suam piisimam misericórdiam, indúlgeat tibi Dóminus quidquid... »

Oh non. Il était en train de lui donner l'extrême-onction et je savais que mon frère allait mourir. Je me suis penchée et j'ai embrassé son visage, le serrant aussi fort que je le pouvais. Quelques minutes plus tard, un groupe de médecins a emporté André sur un brancard pour le préparer au prélèvement de ses organes, le moment venu. C'était ce qu'avait demandé André, pour que sa mort puisse être utile à d'autres. Il est décédé quelques heures plus tard sans avoir repris connaissance.

J'ai ressenti une colère sourde au creux de mon estomac. Pourquoi Dieu avait-il enlevé cet homme si bon et si enjoué à nous et à son fils adolescent, Martin ? André était si jeune lui-même; il n'avait que 46 ans et, dans la fleur de l'âge, il avait tant à offrir. Être emporté par quelque chose d'aussi aléatoire qu'un anévrisme semblait tellement injuste, pour lui, pour nous... et pour ma mère que nous avons réveillée au milieu de la nuit pour lui annoncer qu'un de ses fils était mort. Elle est sortie du lit dans un état de transe, comme si elle n'avait pas entendu ou ne pouvait pas comprendre ce que nous lui avions dit. Elle a fait deux ou trois pas et s'est effondrée sur le sol en gémissant :

« Oh non ! Pas mon bébé, pas mon bébé ! »

Le fait de voir et d'entendre la douleur de ma mère m'a de nouveau transpercé le cœur.

Ghanshyam, Kathy et Peter sont revenus de leur tournée pour rejoindre le reste de la troupe du Centre à l'enterrement. Sentant ma colère, Ghanshyam m'a invitée à me joindre à eux à Kingston, en Ontario, pour la prochaine étape de la tournée, ce que j'ai fait. C'était bon d'être avec eux et, après une séance de dédicaces, il m'a prise à part et m'a donné quelques conseils bienveillants.

« Je sais que ce qui est arrivé à André te met en colère... et c'est naturel. Mais c'est ce que nous choisissons de faire de notre colère qui fait toute la différence dans nos vies. Le noble guerrier utilise sa colère pour protéger ceux qu'il aime; le guerrier rancunier laisse sa colère s'intensifier et il se fait du mal à lui-même et aux personnes qu'il aime. Utilise ta douleur et ta colère pour mieux comprendre tes clients. Le chagrin n'est pas une vertu; nous subissons tous des pertes : utilise ta souffrance pour aider les autres. »

Je me suis souvenue des conseils de Ghanshyam deux ans plus tard quand j'ai reçu un autre appel urgent. C'était le 11 septembre 2001 et j'étais invitée à la populaire émission télévisée de Montréal, *Deux filles le matin*, lorsque les avions détournés se sont écrasés dans les tours jumelles du World Trade Center à Manhattan. Nous avons regardé l'horrible déroulement des événements à la télévision. Quand j'ai quitté le studio, je suis passée d'un deuil mondial à une tragédie très personnelle. Mimi m'a téléphoné pour me dire que Marcel avait un cancer du poumon en phase terminale et ne survivrait probablement pas la semaine.

Une fois encore, je me suis retrouvée dans une chambre d'hôpital à Valleyfield avec l'un de mes frères. Marcel ressemblait à un petit garçon dans le grand lit et je me suis assise avec lui pendant des heures pour lui dire combien je l'aimais, et lui m'a promis d'aller mieux afin que nous puissions passer plus de temps ensemble.

Il est décédé le lendemain avec Maman et Mimi à ses côtés, sa vie de souffrance et de dépression arrivant à une fin paisible et entourée d'amour. Il avait 50 ans et il était le deuxième enfant que ma mère devait enterrer; la douleur pesait très lourdement sur elle.

Aux obsèques de Marcel, j'ai renoncé à ma colère, tout comme Marcel me l'avait enseigné tant d'années auparavant quand j'étais une adolescente amère et confuse qui le blâmait pour mon malheur et mes défauts. J'ai dit une prière silencieuse pour le remercier du beau cadeau qu'il m'avait fait en m'incitant à devenir une meilleure personne, et j'ai promis de partager ce cadeau dans mon travail pour le reste de ma vie. Et j'ai prié pour qu'il trouve enfin la paix et le bonheur.

Avant de se terminer, mon dasha de Mars m'a encore envoyé un coup douloureux. Six ou sept mois après la mort de Marcel, mon frère Gaston m'a téléphoné à Montréal.

« On vient d'apprendre que Monique a un cancer. Elle va se faire soigner, mais… il s'est déjà propagé. » Gaston et Monique avaient commencé à se fréquenter quand j'étais encore enfant. J'avais porté leurs alliances à leur mariage et, au fil des ans, Monique était devenue une grande sœur pour moi. Voir mon frère et ses enfants si profondément affligés était insupportable. Elle a souffert le martyre pendant des mois, et a finalement été libérée de sa souffrance un an après son diagnostic. Pendant sa maladie, Gaston s'est occupée de Monique tous les jours et était avec elle jusqu'à son dernier souffle. Maman a pleuré toutes les larmes de son corps de plus en plus fragile.

Le 15 décembre 2002, mon dasha de Mars a finalement pris fin. Ces sept années avaient été éprouvantes, difficiles et souvent douloureuses, mais j'avais tellement appris, je m'étais dépassée et mise à l'épreuve, j'avais surmonté des obstacles énormes et j'avais contribué à certaines grandes réalisations. La reconstruction et la rénovation du Centre de Chirologie à Montréal étaient terminées, et il était encore plus beau qu'avant.

Le centre de mieux-être à Chénéville avait officiellement ouvert ses portes et c'était l'un des lieux de retraite les plus splendides que j'aie jamais vus. Nous avions créé des sentiers de promenade dans la nature et aménagé une plage privée pour la baignade dans l'un des lacs les plus propres du Québec. Le travail sur le complexe de yoga et de méditation se poursuivait, mais notre auberge au bord du lac était achevée, et Jaysri et Rémi donnaient des massages ayurvédiques dans l'un de nos deux nouveaux studios de massage. Et l'un de mes élèves de chirologie les plus assidus, un ancien pompier grand et costaud, nommé Francis Desjardins, suivait une formation pour devenir notre troisième massothérapeute.

L'avenir semblait prometteur. Le Centre faisait régulièrement l'objet de reportages dans les médias, nous avions publié trois livres couronnés de succès, nous n'avions pas perdu un seul client suite à l'incendie et notre clientèle augmentait rapidement aux États-Unis.

Noël approchait et je voulais souffler un peu, me la couler douce et prendre une pause pour profiter de tous les gains réalisés au cours de mon long et turbulent dasha. Mais quand l'équipe mobile est revenue à Montréal pour les vacances, Ghanshyam avait d'autres idées en tête :

« Guylaine, je veux que tu obtiennes un visa de travail américain. »

« Et pour quoi faire, Ghanshyam ? Je viens d'établir une clientèle formidable ici ! »

« Ne t'inquiète pas de ça pour l'instant. Fais tes valises, tu t'en vas à Miami. »

17

Dans l'État du soleil

*L*A FLORIDE EST UN endroit agréable à visiter, mais je ne voulais pas y vivre.

J'étais heureuse à Montréal où je me trouvais près de ma famille, entourée d'amis que j'aimais, et de clients et d'étudiants qui comptaient sur moi. En décembre 2002, le calendrier de mes consultations était déjà plein jusqu'à juillet 2003 et je me préparais à donner une nouvelle série de cours. L'argent que je rapportais allait directement au Centre et était plus que nécessaire après les années de réparations, de rénovations et d'expansion. Je ne comprenais pas pourquoi Ghanshyam voulait nous envoyer, Peter et moi, à Miami pour établir une nouvelle succursale dans une ville où je n'avais pas un seul client. D'après moi, j'étais nettement plus utile au Centre où je me trouvais déjà, et je ne voulais pas partir.

Ghanshyam ne voyait pas les choses de cette façon. Il avait conquis un auditoire à Miami lors de ses tournées de livres et disposait d'une liste de clients potentiels pour nous. Il y avait aussi un symposium sur la médecine douce à Miami le 5 janvier, qui était l'anniversaire de Paramahansa, et Ghanshyam croyait que notre présence à cet événement à une date aussi propice nous amènerait une clientèle non négligeable à Miami. Il nous a loué un stand au symposium et a fait en sorte que Peter et moi arrivions en Floride avant la conférence pour tâter le terrain et utiliser sa liste pour prendre des rendez-vous avec les clients.

Mais après tout ce que nous avions enduré depuis l'incendie, je ne trouvais pas logique de mettre en péril ce que nous avions reconstruit et de me laisser partir pendant plusieurs mois, et j'ai expliqué mon point de vue à Ghanshyam.

« Arrête de t'inquiéter, m'a-t-il assuré. Tu as ma liste de clients, tu as le symposium et tu as Peter. Tout ira bien. Ça sera bon pour toi. Et n'oublie pas de prendre un peu de temps pour te détendre et profiter du soleil pendant votre séjour. »

J'aurais bien voulu me détendre et partager son enthousiasme, mais cette aventure m'inquiétait de plus en plus et, à la veille de notre départ, j'ai de nouveau demandé à Ghanshyam de reconsidérer sa décision.

« C'est insensé, Ghanshyam ! On n'a pas besoin de ça. Je gagne beaucoup d'argent et je me sens bien ici ; je connais tout le monde et tout le monde me connaît. Pourquoi risquer de perdre tout ça en m'envoyant à Miami ? Ce n'est pas logique. En plus, à Miami, la population est hispanique à soixante pour cent, et la seule chose que je peux dire en espagnol est *mañana*, demain ! »

« Excellent !, a dit Ghanshyam, avec un grand sourire. Tu vois, tu as déjà des bases linguistiques ! Alors, dors bien cette nuit, parce que tu t'en vas *mañana* ! »

Il était inutile de discuter avec Ghanshyam quand il avait une idée en tête, et il avait décidé que Peter et moi serions les premiers ambassadeurs du Centre dans le « Sunshine State » autrement dit « l'État du soleil », comme on désigne la Floride.

Le 30 décembre 2002, exactement sept ans, jour pour jour, depuis le début de notre aventure en Inde, nous avons chargé notre matériel à empreintes et nos vêtements d'été dans la Subaru de Peter, déblayé l'épaisse couche de neige qui recouvrait la voiture et entamé notre périple de 2 600 kilomètres.

Le temps était aussi maussade que mon humeur. Le ciel était sombre et couvert quand nous avons franchi la frontière américaine, et nous avons eu droit à de la pluie verglaçante, de la neige et du brouillard dans le Vermont, dans l'État de New York et en Virginie. Mais déjà, dans les Carolines, mon humeur avait commencé à s'améliorer. J'ai éteint la chaufferette, baissé la vitre et laissé le vent tiède souffler dans mes cheveux. Une fois à Miami, mes pieds battaient la mesure des rythmes latins qui jouaient à tue-tête dans les voitures autour de nous. J'adorais la luminosité, la chaleur tropicale, les palmiers exotiques et l'écho apaisant des vagues de l'océan déferlant sur le rivage doré.

Qui sait, nous allons peut-être passer des vacances-travail agréables, pensais-je.

Miami allait représenter beaucoup de choses pour nous, mais certainement pas des vacances !

Nous devions séjourner chez notre amie Grace, une ancienne collègue du Centre qui avait récemment pris sa retraite et vivait maintenant à West Palm Beach, à environ une heure au nord de Miami. Grace nous avait généreusement invités à rester chez elle, jusqu'à ce que nous ayons établi une clientèle et puissions louer un endroit où vivre et faire des consultations.

À l'époque, Peter et moi – ainsi que nos collègues du Québec – nous adonnions à un programme de méditation d'un an appelé *Purush* (« soi » en sanskrit). Le *Purush* vise à développer l'intuition, la concentration et le magnétisme et à découvrir son soi supérieur. En plus d'ajouter une demi-heure de mantras à notre méditation du matin par la récitation des 108 noms sacrés de la Mère Divine, le *Purush* exigeait que nous renoncions à certains plaisirs physiques, comme manger de la viande, boire de l'alcool et dormir dans un lit. C'était un programme rigoureux, mais il offrait de solides récompenses spirituelles.

C'était une heureuse coïncidence d'être au milieu d'un *Purush* quand nous sommes arrivés en Floride : notre budget était tellement serré que l'alcool et la viande étaient au-dessus de nos moyens et, vu l'étroitesse du logement de Grace, Peter et moi devions, de toute façon, dormir par terre.

Malgré ma méditation supplémentaire, je me faisais du souci pour nos finances à la fois en Floride et au Centre. Dès que nous sommes arrivés chez Grace, j'ai commencé à appeler les clients qu'avait vus Ghanshyam quand il était à Miami.

Malheureusement, les clients de la liste de Ghanshyam étaient impatients de le voir lui, pas nous.

« Merci d'avoir appelé, mais rappelez-moi quand le Dr Birla sera à Miami ! » Tel était le mantra que j'entendais sans cesse au bout du fil. J'ai peu à peu barré les noms de la liste jusqu'à ce qu'il n'y en ait plus.

« Qu'allons-nous faire maintenant ? », ai-je demandé à Peter.

« Ne t'en fais pas, nous avons encore quelques jours avant que nos provisions soient épuisées », a répondu Peter, avec son habituel optimisme débonnaire et décontracté. C'était un parfait compagnon de voyage; il ne se plaignait jamais, et sa bonne humeur et son calme compensaient mon anxiété et mes pleurnichements.

« Mais il faut qu'on fasse *quelque chose* ! »

« OK ! », a déclaré Peter. Dans l'après-midi, il a fait, au volant de sa Subaru, le tour de Miami et de West Palm Beach et il a laissé notre carte et notre brochure à chaque centre spirituel, studio de yoga, magasin d'aliments naturels, beignerie et station-service qu'il trouvait sur son passage. Ce soir-là, nous avons attendu que le téléphone sonne, mais il est resté silencieux.

Les jours suivants, dans l'espoir d'attirer des clients, nous avons visité les bibliothèques locales et donné des conférences gratuites sur la chirologie et l'astrologie védiques à des groupes réduits mais enthousiastes.

« N'oubliez pas d'en parler à vos amis, avons-nous rappelé à l'auditoire. Nous sommes disponibles pour des consultations en privé et en groupe n'importe quand… Appelez-nous dans les 48 heures et nous vous offrirons un rabais spécial ! »

Le téléphone ne sonnait toujours pas. Prise de panique, j'ai appelé Ghanshyam.

« Peter et moi supplions pratiquement les gens de nous montrer leurs mains. Nous avons appelé tous les gens sur ta liste, mais personne ne souhaite nous voir. Nous n'avons pas un seul client en perspective ! »

« Cesse de t'inquiéter, Guylaine, m'a rassuré Ghanshyam. Sois patiente, aie confiance, médite et prie. Nous ne vendons pas de la chirologie, nous offrons de l'espoir. Les gens vont venir. »

La confiance de Ghanshyam m'a calmée, du moins pendant un certain temps. Mais après plusieurs journées d'autopromotion infructueuse, j'étais prête à abandonner. La veille du symposium sur la santé, Peter et moi sommes allés à un restaurant et nous nous sommes offert un « spécial *Purush* », un hamburger végétarien et une bière sans alcool.

« En ce qui me concerne, je n'ai aucun espoir ici, ai-je dit. Si le symposium est un fiasco demain, nous devrions prendre l'autoroute, direction nord. Es-tu d'accord ? »

« D'accord. Demain est le jour J », a dit Peter en levant son verre. Nous avons trinqué avec nos bouteilles de bière sans alcool et porté un toast à notre départ imminent.

Quand nous sommes rentrés chez Grace, j'ai appelé Ghanshyam, comme tous les soirs, pour lui faire part de notre décision.

« Eh bien, n'oubliez pas de méditer et de prier demain matin », a gentiment conseillé Ghanshyam.

Le lendemain matin, nous nous sommes levés tôt et avons médité pendant près de deux heures avant de nous diriger vers le centre des congrès. C'était un beau dimanche matin ensoleillé et les plages étaient déjà bondées de familles et d'amoureux du soleil. *Qui va vouloir être à l'intérieur par une aussi belle journée ?*, pensais-je. Et j'avais raison. Le centre des congrès était pratiquement vide et seules quelques personnes sont passées devant notre stand pendant toute la matinée. À midi, j'ai de nouveau téléphoné à Ghanshyam.

« Ça y est, Ghanshyam; le symposium est un échec complet. Il n'y a personne. Nous partons maintenant. Nous allons plier bagage et nous serons à Montréal demain soir ! »

« Du calme, Guylaine, a dit paisiblement Ghanshyam. Attendez une heure de plus. »

« Franchement, Ghanshyam ! Qu'est-ce qui va changer en une heure ? La salle est vide ! »

« S'il te plaît, attendez encore une heure et vous verrez bien, d'accord ? »

« D'accord, Ghanshyam, mais dans une heure nous partons. »

Je suis restée assise, impatiente, dans notre stand pendant les 58 minutes suivantes, jetant un coup d'œil à ma montre toutes les quelques secondes. Pas une seule personne n'est venue nous voir. À 12 h 59, j'ai regardé Peter.

« On s'en va », ai-je dit.

C'est alors que j'ai entendu une voix derrière moi.

« Excusez-moi, ma chère, pouvez-vous me dire ce que signifient ces trois lignes sur mon poignet ? »

Me retournant, je me suis trouvée face à une femme d'âge moyen, aux cheveux blonds courts, soignée et élégante, qui me tendait son poignet droit.

« J'ai demandé à plusieurs chirologues si ces lignes avait une signification, a-t-elle poursuivi, mais personne n'a pu me le dire. »

La femme était avec une amie et je les ai invitées à s'asseoir à notre stand.

« Je serai heureuse de vous les expliquer, ai-je répondu en lui prenant la main et en montrant les trois lignes horizontales sur son poignet. On les appelle les bracelets : la ligne la plus proche de votre main est le bracelet de la sagesse, celle du milieu est la richesse et la plus éloignée est la santé; elles correspondent à notre âme, notre esprit et notre corps respectivement. Pas tout le monde n'a la chance de les avoir toutes les trois, comme vous. »

« Enfin !, s'est-elle exclamée. Une chirologue qui sait de quoi elle parle ! »

Je me suis penchée pour regarder sa main de plus près et mon attention a été attirée par ses lignes. À mesure que je me concentrais, mon stress et l'urgence de notre départ ont disparu. Je faisais ce que j'aimais le plus : lire les mains.

« C'est étonnant, vous avez un bracelet de la sagesse très prononcé, un des plus profonds que j'aie jamais vus, ai-je continué en la regardant. Ce qui est vraiment fascinant à propos de ces bracelets, c'est qu'ils sont situés sur le mont de Ketu, qui est directement associé au karma. D'après les rishis, c'est-à-dire les sages divinement inspirés de l'Inde antique, les bracelets sur Ketu sont très révélateurs de notre vie passée et de notre karma actuel. Le bracelet le plus prononcé indique ce qui était le plus important pour nous dans nos vies passées, ainsi que le karma sur lequel nous travaillons dans cette vie. »

« Ah, vraiment ?… Alors, est-ce que mon profond bracelet de la sagesse veut dire que je suis une femme très sage ? », a-t-elle dit en souriant.

« C'est tout à fait possible, ai-je répondu en souriant. Votre poignet est également étroit et très délicat; vos doigts sont souples et votre main est longue, rectangulaire et gracieuse… et regardez ce beau mont de la Lune. Vous avez une main assez rare, que nous appelons une « main psychique ». Vous êtes probablement très intuitive. »

Elle a posé sur moi un long regard interrogateur pendant quelques secondes, puis a demandé :

« Avez-vous le temps de faire une consultation pour mon amie et pour moi en ce moment ? »

« Bien sûr ! », ai-je répliqué.

J'ai lu ses mains pendant que Peter lisait celles de son amie. Elles étaient toutes les deux très satisfaites de leurs consultations et, quand nous avons fini, elle m'a remis sa carte d'affaires : *Frances Fox, Voyante Medium.*

« Vous êtes tous les deux formidables ! Tous les vendredis soirs, je donne une grande conférence dans un hôtel de luxe du centre-ville. C'est toujours plein. L'adresse est sur la carte. À partir de maintenant, je veux que vous y installiez une table et vous offriez tous les deux des consultations au public après le spectacle. Demandez le prix que vous voudrez, tout le monde va vous aimer », a-t-elle ajouté en s'éloignant du centre des congrès vide.

Peter et moi nous sommes regardés en état de choc.

« Eh bien ça alors, qu'en penses-tu ?, a plaisanté Peter, en utilisant la phrase préférée de Ghanshyam, il avait raison de nous dire d'attendre. »

« On ne devrait pas être surpris, Peter », ai-je admis, en secouant la tête avec étonnement, tout en regardant mon propre mont de Ketu. Je me demandais quel genre de karma j'avais accumulé dans mes vies passées qui me rendait si impatiente dans celle-ci. J'avais une leçon à apprendre ici, à Miami, et Ghanshyam avait dû le savoir.

Le lendemain, nous avons fini par écouter les conseils de Ghanshyam et avons enfin pris un après-midi de repos pour profiter du soleil et de la plage. Ces quelques jours avaient été stressants et j'avais besoin de renouer avec la nature, de me détendre et de recharger mes batteries. Peter, qui adorait nager dans la mer, a plongé dans les vagues dès notre arrivée. Je préférais me dorer au soleil. Je me suis allongée sur le sable chaud et j'ai laissé les rayons énergisants s'infiltrer dans mon âme. La rencontre de Frances Fox au moment où Ghanshyam avait prédit que je trouverais des clients m'a fait réfléchir aux deux semaines précédentes, et à la raison pour laquelle j'avais autant hésité à partir pour Miami.

J'étais très à l'aise à Montréal. Même dans mes pires moments, comme la mort d'êtres chers ou l'incendie du Centre, je pouvais compter sur le groupe pour me soutenir et m'apaiser. Mais, à part la merveilleuse compagnie de Peter, j'étais livrée à moi-même à Miami. À Montréal, c'étaient les gens qui m'appelaient pour des consultations. Jusque-là, je n'avais jamais eu à commencer à zéro et à trouver des clients. Au milieu de toutes ces incertitudes, ma vieille ennemie, l'anxiété, avait refait surface. J'ai éprouvé un sentiment renouvelé d'appréciation pour ce que Ghanshyam avait accompli quand il est arrivé au Canada sans argent et sans parler la langue. Grâce à sa foi, sa dévotion et sa passion, il avait réussi à attirer de nouveaux clients et à bâtir à la fois le Centre de Chirologie et le centre de mieux-être. J'étais pratiquement certaine qu'il m'avait envoyée à Miami pour apprendre à faire la même chose. L'anxiété était une ancre qui m'avait empêchée de prendre des risques, d'avoir foi en moi-même et en l'univers, et de suivre le courant de la vie. C'était une ancre dont je ne voulais plus dans ma vie.

Comme tant de fois dans le passé, j'étais reconnaissante d'avoir un professeur aussi avisé que Ghanshyam, et bien aise de suivre le programme *Purush*. C'était peut-être à Miami, le lieu le plus inattendu, que je devais rencontrer mon moi supérieur.

Le vendredi soir, nous sommes allés à l'hôtel où Frances faisait sa conférence et avons installé notre table. Avec un public de plusieurs centaines de personnes, Frances a reçu un tonnerre d'applaudissements quand elle est montée sur la scène. Apparemment, elle était très connue à Miami. Choisissant des personnes de l'auditoire au hasard, elle a révélé des détails précis sur leur passé, leur présent et leur avenir. Elle passait sans effort de l'espagnol à l'anglais, tout en séduisant, captivant et divertissant tout le monde par sa présence dynamique et ses prédictions. Je me souvenais d'avoir été impressionnée par son superbe mont du Soleil et sa longue ligne du Soleil pendant mon analyse de ses mains, quelques jours auparavant, et je savais que ces deux attributs étaient la source de son magnétisme et de son charisme incroyables.

À la fin de son spectacle, elle a salué la salle une dernière fois et, pointant dans la direction où Peter et moi étions assis, elle a annoncé :

« Mesdames et Messieurs. *Señoras y señores.* Votre sort n'est pas scellé ! *Su destino no está sellado !* Les lignes de vos mains peuvent changer ! *Las líneas de la mano pueden cambiar !*

« Ce soir, nous avons parmi nous deux grands chirologues qui peuvent vous dire comment changer vos lignes et changer votre destinée ! L'autre jour, ils ont lu mes mains, et je peux vous dire qu'ils sont fantastiques ! Allez les voir ! »

Les gens sont sortis en masse de l'auditorium et ont formé une longue file à notre table. Nous avions tellement de clients que nous n'avions pas le temps de prendre leurs empreintes; nous lisions une paume après l'autre, à mesure qu'elles nous étaient présentées, et nous avons travaillé pendant des heures sans aucune pause. Une de nos clientes avait un studio de Pilates très populaire à Miami et était si contente de sa consultation qu'elle nous a invités à venir dans son studio chaque semaine afin d'y faire des lectures pour ses clients.

Frances s'est arrêtée nous voir en partant.

« Je vous avais bien dit qu'ils vous aimeraient, a-t-elle lancé avec un clin d'œil. À la semaine prochaine ! »

Deux jours plus tard, Grace et Jeannette, une nouvelle amie commune, m'ont présentée à un groupe de voisins de West Palm Beach qui voulaient apprendre la chirologie, et j'ai commencé à offrir, chaque semaine, un cours d'initiation.

Peu après, nous avons reçu un coup de téléphone de Zide Mooni, un acupuncteur de renom à Miami. Il était d'origine indienne et un bon ami et client de Ghanshyam, et il venait d'apprendre que nous étions en ville.

« Bienvenue en Floride, Guylaine, a dit Zide. J'aime la chirologie, j'aime Ghanshyam et je vais vous rendre célèbres à Miami. »

Zide avait beaucoup de caractère. C'était un homme grand, fort et sûr de lui, avec un cœur énorme assorti à sa carrure impressionnante. Tout le monde l'adorait, et nous aussi. Il nous a présentés à environ 200 de ses patients et à beaucoup de ses amis et membres de sa famille qui sont tous devenus de nouveaux clients pour nous.

Ghanshyam avait eu raison, comme toujours. Nous offrions de l'espoir et les gens venaient nous voir.

Peter et moi étions si occupés que nous n'avions guère de temps pour autre chose que la méditation, le travail et quelques heures de sommeil. Mais nous faisions ce que nous aimions et nous étions heureux, malgré notre calendrier tout à coup surchargé. Du lundi au vendredi, nous travaillions avec des clients à West Palm Beach. Le vendredi après-midi, nous partions pour Miami pour nos consultations régulières à l'hôtel, après le spectacle de Frances. Le samedi, nous retrouvions Zide à son bureau et faisions quatorze heures de consultations avec les clients qu'il nous avait réservés. Puis, après un petit somme de quelques heures sur le plancher du bureau, nous nous levions à l'aube le dimanche pour faire quatorze heures de consultations de plus. Nous reprenions la route pour West Palm Beach le dimanche soir et recommencions notre routine hebdomadaire le lundi matin.

Une fois par semaine, sur les conseils de Ghanshyam, nous laissions tout tomber pendant quelques heures et nous allions à la plage pour nous détendre et nous ressourcer. Après tout, quel Canadien peut résister au plaisir de se prélasser au soleil chaud de la Floride au milieu de l'hiver ?

J'étais déterminée à prendre les choses comme elles venaient et j'ai découvert que moins j'étais anxieuse, plus les occasions abondaient. Nous avons été invités à faire des consultations dans tout le sud de la Floride : à Key West, le point le plus méridional de la zone continentale des États-Unis, et emprunté la route Alligator Alley depuis Fort Lauderdale sur la côte atlantique jusqu'aux plages de sable blanc de Clearwater sur le golfe du Mexique. Nous avons visité les Everglades, écouté l'Orchestre symphonique philharmonique de Miami et dansé dans un bar appartenant à Madonna à South Beach, où nous avons rencontré – et vu en consultation – un musicien de jazz qui aimait le Mantra Gayatri. Et partout où nous allions, nous étions accompagnés par les voix entraînantes de Sting et de Céline Dion, qui jaillissaient constamment du lecteur de CD de la Subaru, assurant ainsi notre musique de fond personnelle de la Floride.

Nous étions tellement occupés que nous devions parfois recruter l'aide des équipes de Montréal et de Chénéville : Jaysri et Denise. Vers la fin du printemps 2003, Ghanshyam est arrivé avec Kathy et Johanne et a réservé un stand au congrès de la Méthode Silva où Ghanshyam serait l'un des conférenciers invités. En outre, Wayne Dyer, l'un de nos auteurs inspirants préférés, serait le conférencier vedette. Kathy avait consulté les thèmes astrologiques avant leur départ et découvert que cinq planètes seraient exaltées ce mois de mai, ce qui représentait un moment très propice pour rencontrer quelqu'un de spécial. Et, comme il fallait s'y attendre, Wayne est passé devant notre stand et a commencé à poser des questions sur ce que nous faisions. Il était tellement intrigué par les racines spirituelles de la chirologie védique, qu'il m'a demandé de prendre ses empreintes sur-le-champ. Ses longs doigts soulignaient sa nature profondément philosophique et sa belle ligne d'amour de la vérité montrait son désir de se plonger dans les mystères de la vie. Il avait également un quadrilatère équilibré – formé par les lignes de tête et de cœur et souvent appelé la piste d'atterrissage des anges – qui nous disait qu'il était réceptif à la sagesse des grands maîtres et aux rêves visionnaires.

(Environ douze ans plus tard, nous avons de nouveau rencontré Wayne à Ottawa et repris ses empreintes. Il a pu se convaincre que nos lignes changent réellement : ses mains reflétaient sa profonde croissance spirituelle pendant ces douze années qui, ce qui ne nous étonnait pas, correspondaient à son intérêt croissant pour la philosophie védique, le Kriya yoga et la méditation quotidienne.)

Wayne n'était pas la seule personne « spéciale » que nous ayons rencontrée au cours de cette période d'alignement planétaire unique. La même semaine, nous avons été invités à la maison de Ricky Martin, le populaire chanteur portoricain. Ricky vivait dans une banlieue chic au nord de Miami et, ayant entendu parler de Ghanshyam par un ami de Zide, il a fait dire qu'il voulait une consultation.

Tout notre groupe s'est retrouvé à la somptueuse demeure de Ricky en bordure de l'océan où il nous a accueillis, un grand sourire aux lèvres, simplement vêtu d'un short et d'un T-shirt. Nous avons un peu bavardé et découvert qu'il était aussi un adepte de Paramahansa, qu'il pratiquait le Kriya tous les jours et qu'il adorait la philosophie védique. Kathy a pris ses empreintes, et Ghanshyam et lui sont partis dans une autre pièce pour une consultation privée qui a duré trois heures.

En attendant, Peter, Johanne, Kathy et moi avons analysé et admiré les lignes et les signes que nous avions vus dans les mains de Ricky. Vénus, son mont le plus important, était incroyablement beau, ce qui représentait son amour passionné de la musique ainsi que son profond engagement pour les œuvres philanthropiques. Sa ligne de vie parfaitement arrondie révélait sa joie de vivre, exprimée au monde entier par son méga-succès irrésistiblement entraînant, *Livin' la Vida Loca*.

À bien des égards, j'avais vécu la *Vida Loca* (la vie folle) depuis mon arrivée à Miami. J'avais passé des mois à surmonter les obstacles et les défis à l'intérieur de moi pour établir notre nouvelle succursale dans un pays étranger, et j'avais fait des progrès à la fois professionnels et personnels. Je suppose que Ghanshyam le pensait aussi.

Après avoir quitté Ricky Martin, Ghanshyam m'a souri dans la voiture.

« Je t'avais dit que ce voyage serait bon pour toi, Guylaine, m'a-t-il rappelé. À partir de maintenant, pour voir nos clients à Miami, nous pouvons toujours prendre l'avion. Il est temps que tu rentres avec nous. »

J'ai poussé un soupir de soulagement. J'avais vivement apprécié mon séjour à Miami, mais je languissais de rentrer à la maison. Pendant mon aventure en Floride, j'avais découvert que l'État du soleil n'est pas une simple destination : c'est un état d'esprit.

18

On n'est jamais aussi bien que chez soi

QUAND JE SUIS RENTRÉE de Floride, je me sentais comme Dorothy dans *Le Magicien d'Oz*. J'avais vécu une aventure extraordinaire, mais j'étais heureuse d'être chez moi. Ghanshyam, Kathy et Peter ont poursuivi la tournée des livres pendant encore deux ans mais, à l'exception d'excursions occasionnelles pour voir mes clients à Miami et dans quelques autres grandes villes américaines, je n'ai plus bougé de chez moi. J'avais ici des liens solides avec mes étudiants et mes clients réguliers et j'avais besoin d'être près d'eux. Je ne voulais pas non plus m'éloigner de ma mère. Son esprit était aussi alerte que jamais, mais le temps et le deuil avaient usé son corps et je voulais la voir aussi souvent que possible tant que je le pouvais encore.

Pendant des années après le décès de mon père, Maman a refusé de vendre la grande maison qu'il avait construite pour nous, en partie parce qu'il avait caché tant de petits cadeaux pour elle dans ses coins et recoins qu'elle ne pouvait pas supporter l'idée d'en laisser un seul, et en partie parce que la maison était proche de l'appartement de Marcel. Depuis son effrayante dépression nerveuse quand j'étais adolescente, Marcel avait dû lutter pour survivre au quotidien, et Maman s'était donnée pour mission de toujours garder l'œil sur lui. Maintenant que Marcel nous avait quittés, la mission de maman était terminée et son énergie avait commencé à décliner. La grande maison vide était devenue trop difficile à gérer.

« Les escaliers semblent être chaque jour plus raides », m'avait-elle confié.

Nous avons donc vendu notre belle maison et trouvé un petit appartement pour Maman. Mais quand il est, à son tour, devenu trop pour elle, elle a convenu qu'il était temps qu'elle déménage dans une résidence.

Avec son habituel sens artistique, Maman a décoré sa chambre et l'a transformée en un vrai foyer, accrochant une couronne artisanale sur la porte et égayant les murs à l'aide des tableaux qu'elle avait peints au fil des ans. Son petit réfrigérateur était toujours rempli de nos friandises préférées, de sorte que, quand nous lui rendions visite, nous nous sentions toujours comme dans le salon familial, et non pas dans une institution.

Un jour d'automne 2005, Maman est tombée et n'a pas pu se relever. Elle a été transportée à l'hôpital où les médecins nous ont donné un pronostic peu encourageant; son cœur s'affaiblissait et il était peu probable qu'elle survive la semaine. La nouvelle était aussi accablante qu'invraisemblable. Quand je suis arrivée à Valleyfield, j'ai trouvé Maman assise dans son lit d'hôpital, un grand sourire aux lèvres, ses yeux bleus pétillants aussi lumineux et aussi beaux que jamais.

« Bonjour ma belle fille », a-t-elle dit joyeusement. À 81 ans, elle paraissait encore si dynamique et si jeune que je ne pouvais pas accepter que son magnifique cœur soit épuisé et que sa vie touche à sa fin.

Réjean, Francine, Gaston, Mimi et moi nous sommes relayés à son chevet toute la semaine pour qu'elle ne soit pas seule; sa dernière nuit, Mimi et moi étions assises sur le lit avec elle.

« Je vous aime trop pour vous dire au revoir, a-t-elle dit. Je ne peux pas supporter de partir et de vous abandonner. »

« Oh, Maman ! », avons-nous sangloté à l'unisson, Mimi et moi. Nous avons toutes les trois commencé à pleurer et, au moment où nous tendions la main pour attraper des mouchoirs en papier sur la table de chevet, Maman nous a donné une petite tape sur la main.

« N'utilisez pas tous mes kleenex, je n'en aurai plus ! »

Nous avons éclaté de rire.

« Oh mon Dieu, vous allez tous me manquer. Mais, au moins, je sais que je vais laisser beaucoup d'amour derrière moi, a dit Maman, en prenant nos mains dans les siennes. Votre père et moi, nous nous aimions tellement; vous, mes enfants, êtes le merveilleux produit de cet amour. »

Lorsque Mimi a quitté la chambre pour aller nous chercher du café, je me suis rapprochée de ma mère. J'avais quelque chose à lui demander maintenant que nous étions seules.

« Maman... est-ce que j'ai été une bonne fille pour toi ?, ai-je murmuré. Je veux dire, est-ce que je t'ai jamais déçue ou fait de la peine ? »

Même si elle ne l'avait jamais exprimé, je pensais qu'au fond d'elle-même, Maman aurait voulu me voir mariée avec des enfants et mener une vie plus normale. Ça me chagrinait de penser que je l'avais déçue.

Elle m'a regardée avec un sourire perplexe et a secoué la tête.

« Voyons donc ! Qu'est-ce qui a bien pu te mettre ça dans la tête ? Tu as été une fille merveilleuse, ton père et moi n'aurions pas pu être plus fiers de toi. Grâce à toi, nous avons pu nous vanter d'avoir une enseignante dans la famille. Tu as trouvé ta vocation et tu as travaillé pour une cause... tu aides les gens et j'espère que tu n'arrêteras jamais. Tu m'as rendue très, très heureuse. »

Les larmes ruisselaient le long de mes joues; ses paroles étaient un véritable cadeau, la bénédiction la plus merveilleuse que j'aie jamais reçue. Plongeant mon regard dans ses doux yeux bleus, j'ai su que l'amour que je voyais briller en eux me manquerait pour le reste de mes jours. Quelques heures plus tard, elle est morte paisiblement dans son sommeil. J'avais le cœur brisé, et pourtant je savais que je chérirais toujours nos derniers moments ensemble et l'occasion d'exprimer une dernière fois notre amour l'une pour l'autre.

La troupe du Centre s'est jointe au grand complet à ma famille et à 300 des amis et parents de Maman pour un dernier adieu à la belle Laurette, à Valleyfield. L'amour que Maman avait si généreusement partagé pendant sa vie se reflétait dans chaque visage : son amour serait son héritage qui continuerait à vivre dans les nombreux cœurs qu'elle avait touchés.

J'avais 45 ans quand Maman nous a quittés et j'ai commencé à me demander quel héritage j'allais moi-même laisser. J'étais tout à fait satisfaite d'aider le plus de personnes possibles à être plus heureuses et en meilleure santé grâce à mon enseignement. J'étais profondément reconnaissante d'avoir déjà enseigné l'art de changer sa vie par la chirologie à des centaines d'étudiants, mais je voulais en rejoindre des milliers. Nous avions travaillé dur pendant des années pour que le *Hast Jyotish* soit reconnu comme un domaine d'études sérieux en Occident et, avant la mort de Maman, les gouvernements provincial et fédéral avaient tous les deux certifié le Collège de chirologie védique Birla comme un établissement d'enseignement authentique, ce qui permettait aux étudiants de tout le pays de déduire leurs frais de scolarité et le coût de leurs manuels sur leurs déclarations de revenus. Pour moi, il était très important que Maman ait vécu assez longtemps pour voir la légitimité du Collège Birla reconnue, ainsi que le travail que j'y faisais.

Après son décès, je me suis lancée dans l'enseignement avec une passion et une conviction renouvelées. Nous avons révisé et élargi notre programme d'études collégiales, terminé la construction de notre résidence étudiante et de la grande salle de cours à Chénéville, et toute la bande a déménagé au centre de mieux-être pour lancer notre nouveau programme de diplôme.

Les classes commençaient à se remplir et c'était un vrai plaisir d'enseigner dans ce superbe cadre naturel. J'aimais voir les élèves réunis autour d'un feu de joie sur la plage, le soir, pour discuter des constellations dans le ciel étoilé qui nous surplombait, ou bien sentir l'attraction de la pleine lune en décembre, lors d'une randonnée hivernale sur un sentier de forêt. C'était exactement ce que nous avions envisagé.

L'été suivant, nous avons construit, pour nos clients, un magnifique chalet en bois rond au bord du lac, avec une vue panoramique sur l'eau et sur les collines environnantes. Rémi et Francis ont passé des mois à hisser, scier et ciseler le bois massif. Leur dur labeur me rappelait les énormes efforts qu'avait fournis mon père pour construire notre maison familiale. Cet automne-là, quand le lac reflétait l'embrasement rouge et or des feuillages d'automne, je suis entrée dans le chalet achevé et j'ai senti la présence de mon père tout près de moi. Le souvenir de la maisonnette qu'il avait construite pour moi quand j'avais deux ans m'est revenu en tête et, encore une fois, j'ai vécu un moment de bonheur parfait.

J'étais chez moi, j'avais ma famille de chirologie et je vivais ma mission.

Chénéville est également devenu le foyer de notre famille élargie. Les parents de Peter et Kathy, qui avaient plus de 90 ans, sont venus vivre avec nous quand leur santé à tous les deux a commencé à faiblir. Ils avaient été si bons avec moi à mes débuts au Centre que c'était une joie de les voir passer leurs derniers mois entourés de l'affection de leurs amis et de leur famille.

Quand ils sont décédés, ils ont été inhumés au cimetière de Chénéville sous une grande croix celtique. Là, nous nous sommes réunis autour de leur tombe, comme nous l'avions fait, des années auparavant, autour de la croix celtique marquant la tombe de l'arrière-grand-père de Peter et de Kathy, sur les contreforts de l'Himalaya. J'étais émerveillée de voir comment le destin nous avait tous mis (et gardés) ensemble, avait fait de nous une famille, nous avait liés à une cause unique, et nous avait conduits à élire domicile dans un paradis sauvage.

L'école était florissante et je ressentais une profonde satisfaction maternelle chaque fois qu'un de mes nombreux diplômés choisissait de faire carrière dans la chirologie, comme consultant ou enseignant. J'avais aidé à donner naissance à une nouvelle génération de chirologues et j'étais fière du rôle que je jouais dans le développement de la connaissance du *Hast Jyotish*. Nous avons encore plus élargi cette connaissance lorsque nous avons créé un nouveau site Web offrant des consultations et des cours en ligne à toute personne ayant une connexion Internet sur la planète.

La beauté de Chénéville s'était infiltrée dans mon cœur et dans mon âme, et je détestais m'en éloigner, même pour un week-end mais, en 2013, la plupart de l'équipe a dû revenir à Montréal pendant plusieurs mois pour se concentrer sur nos cours et nos clients en ville. Ghanshyam, Francis et Jaysri resteraient à Chénéville pour s'occuper du centre de mieux-être en notre absence, mais ils étaient trop peu nombreux pour gérer notre coin de paradis de 500 acres. Par bonheur, une jeune et brillante étudiante, Maxime Gagnon, est alors venue à la rescousse. Maxime avait un diplôme en psychologie et une carrière stable en assurance, mais elle croyait passionnément en ce que nous faisions, à tel point qu'elle a quitté son emploi et a déménagé à Chénéville pour nous aider à poursuivre l'essor du centre de mieux-être.

Savoir que nous avions un groupe aussi dévoué pour prendre soin de notre centre m'a permis de faire le choix difficile de revenir vivre en ville, ce qui m'a peut-être sauvé la vie.

Peu de temps après mon installation dans mon nouvel appartement à Montréal, j'ai été prise de violentes crampes d'estomac et de nausées. N'ayant jamais été gravement malade auparavant, je pensais que j'avais mangé trop de gâteaux la veille au soir à l'anniversaire de Denise. Comme je travaillais à la maison, j'ai bêtement ignoré la douleur pendant près de deux jours. M'ayant rendu visite, Kathy a été effrayée de me trouver pliée en deux par la douleur et en proie à une forte fièvre.

« Non, pas d'hôpital ! », ai-je gémi en me tenant le ventre. J'avais passé suffisamment de temps à l'hôpital pour une vie complète.

Kathy m'a ignorée et a couru chercher Peter et, la douleur empirant de minute en minute, j'ai accepté d'aller à l'urgence. Kathy s'est encore plus inquiétée quand je n'ai pas insisté pour ôter mon pyjama ou me maquiller avant de partir. Elle était ma meilleure amie depuis près de 30 ans et elle ne m'avait jamais vue sortir en public aussi mal accoutrée.

« Dépêche-toi, Peter ! », a-t-elle insisté, en m'aidant à monter dans la Subaru.

Ils m'ont amenée à l'hôpital en l'espace de cinq minutes, ce qui n'était pas une minute trop tôt. Apparemment, mon appendice s'était rompu et les toxines étaient en train de se propager dans mon système et d'attaquer mes organes, causant une infection potentiellement mortelle appelée péritonite.

J'ai à peine eu le temps de dire au revoir à Peter et Kathy avant d'être précipitamment acheminée en fauteuil roulant dans une salle d'examen, où l'on m'a bourrée d'antibiotiques et d'analgésiques qui m'ont immédiatement assommée.

Le lendemain matin, j'ai été transportée en salle pré-opératoire et préparée pour une intervention chirurgicale. L'infirmière m'a donné quelque chose pour me détendre et m'a laissée seule. Je ne pouvais rien faire, sauf guetter la grande horloge industrielle sur le mur en face de moi. Le temps semblait ralentir et le tic-tac résonnait dans mes oreilles à mesure que les minutes passaient. Il était 14 h 45. *Ce serait le moment de calculer l'hora pour voir si c'est un jour propice à une grave intervention*, pensais-je. Je m'imaginais, en riant, ce que dirait le chirurgien si je lui demandais de reporter l'opération jusqu'à ce que les planètes soient alignées plus favorablement.

L'infirmière est alors venue me chercher et, soudain, je me suis trouvée dans la salle d'opération, surprise par l'intensité des lumières et le nombre de personnes présentes. L'anesthésiste a inséré une longue aiguille dans mon bras et m'a dit de me détendre et de respirer profondément. C'était la même instruction que j'avais offerte à de nombreux clients quand ils affrontaient des situations stressantes présentant des résultats incertains.

Le chirurgien est apparu au-dessus de moi, le bas de son visage recouvert d'un masque chirurgical vert.

« Nous allons vous enlever votre appendice aujourd'hui, mademoiselle Vallée. Ça ne devrait pas prendre plus d'une heure; pas besoin de vous inquiéter... vous êtes en de bonnes mains. »

J'aurais aimé voir ses paumes pour juger si c'étaient vraiment de bonnes mains, mais elles étaient gantées de latex et je n'étais pas en état de demander quoi que ce soit... La substance qu'on m'avait injectée avait fait son travail : mon esprit était en train de quitter mon corps. J'ai senti ma conscience flotter vers le plafond, comme elle l'avait fait dans ma jeunesse quand je me réfugiais « dans le noir » pour échapper à ma vie troublée. Seulement cette fois, je n'allais pas dans le noir, mais dans la lumière.

Je me suis retrouvée sur un champ de bataille parmi des centaines de guerriers. Je ne pouvais discerner les traits d'aucun visage : nous étions des entités de lumière sans forme humaine. Nos corps étaient constitués d'auras brillantes dont la luminosité, la texture et la couleur fluctuaient. Même incapable de distinguer les formes ou les caractéristiques physiques, je reconnaissais intuitivement les beaux êtres radieux les plus proches de moi : j'étais entourée par mes amis. La bande du Centre était à mes côtés et nous étions engagés dans une bataille féroce. Nous ne disposions pas des armes classiques; nous étions seulement armés des qualités que nous portions dans nos cœurs : le courage, la sincérité, la loyauté, la foi, la bonté, la grâce et l'amour inconditionnel. Nous n'étions pas en guerre contre un ennemi et ne luttions pas l'un contre l'autre. La bataille était au sein de nous-mêmes, où nous combattions ce qui n'était pas bon dans notre nature ou ce qui nous tenait prisonniers de notre ego. Nous nous efforcions de devenir de meilleurs êtres humains, et la vie était notre champ de bataille.

Je ne sais pas combien de temps a duré mon rêve, mais l'étendue des dommages qu'avait provoqués dans mon système mon appendice rompu avait transformé mon opération d'une heure en une intervention compliquée de trois heures. Lorsque le chirurgien est venu me voir deux jours plus tard, il m'a dit :

« Vous ne savez pas à quel point vous êtes chanceuse d'être en vie : votre appendice était en petits morceaux et c'était un beau gâchis là-dedans. Si vous étiez arrivée plus tard à l'hôpital, nous ne serions pas en train de discuter maintenant... C'est un miracle que vous en soyez sortie indemne. »

J'ai silencieusement remercié Maxime d'avoir rejoint le groupe à Chénéville. Si je n'avais pas été à Montréal, je ne serais jamais arrivée à l'hôpital à temps. J'ai aussi dit une prière de remerciement à Kathy et Peter... et à la Subaru de Peter. Ils étaient toujours là quand j'avais besoin d'eux.

Immédiatement après l'opération, on m'a emmenée à la salle de réveil où je suis restée inconsciente pendant deux ou trois heures, mais je savais que je n'étais pas seule. Même dans le plus profond des sommeils, je sentais que j'étais enveloppée d'un rythme musical régulier et répétitif. Puis, les mots au sein du rythme ont commencé à prendre forme dans mon esprit, me faisant reprendre conscience.

Om tryambakam yajāmahe sugandhim puṣṭi-vardhanam urvārukam-iva bandhanā mṛtyormukṣīya māmṛtāat

Quand j'ai ouvert les yeux, j'ai vu un splendide cercle de visages familiers au-dessus de moi, comme un halo d'amour. Ghanshyam, Kathy, Peter, Johanne, Rémi, Francis : ils étaient tous là en train de réciter le mantra Maha Mrityunjaya, l'ancienne prière védique dédiée au seigneur Shiva pour conjurer la mort prématurée et favoriser la guérison, la santé et la régénération.

Mes yeux se sont remplis de larmes; j'étais tellement heureuse de les voir.

« Je reviens du champ de bataille », leur ai-je dit d'une voix faible et rauque, et j'ai raconté mon rêve. « Nous étions là, tous ensemble, nous nous battions... c'était le combat de la lumière contre les ténèbres... je vais devenir plus forte... nous allons gagner cette bataille. »

« Je ne pense pas que c'était un rêve, Guylaine, a dit Ghanshyam. Je crois que tu as visité le monde astral ! Maintenant, repose-toi, tu dois te refaire des forces. Nous avons besoin de toi ! »

J'ai fermé les yeux et réfléchi au symbolisme de mon rêve ou, si Ghanshyam avait raison, de ma visite de l'astral. L'image de notre équipe qui se battait ensemble, en ayant pour toute arme sa générosité, restera toujours gravée dans ma mémoire. J'étais plus certaine que jamais que j'étais exactement là où je devais être et que je faisais le travail que je devais faire.

Pendant plusieurs jours après l'opération, j'étais trop faible pour même m'asseoir dans mon lit d'hôpital et je me sentais si mal que je redoutais de ne pas pouvoir récupérer du tout. Les médecins avaient suggéré que je me rétablisse pendant quelques semaines à l'hôpital, mais quand un microbe intestinal virulent a commencé à se répandre de salle en salle, le médecin a exigé que je parte immédiatement, craignant que, vu mon état affaibli, le microbe me soit mortel.

Peter est venu me chercher et m'a reconduite chez moi. Quand nous sommes arrivés, j'ai vu qu'il avait suspendu des lumières de Noël multicolores sur le balcon de mon appartement pour me remonter le moral. Il m'a aidée à monter les escaliers et, quand j'ai ouvert la porte, Kathy, Johanne, Denise et Rémi étaient là pour m'accueillir. J'ai fondu en larmes. L'endroit où je vivais n'avait aucune importance; tant que je me trouvais avec des amis aussi chers, je savais que j'étais chez moi.

Les prochaines semaines ont été douloureuses et frustrantes. Je ne pouvais pas faire de consultations et encore moins enseigner; je pouvais à peine me déplacer d'une pièce à l'autre. Pour la première fois de ma vie, j'étais obligée d'être sédentaire, et je passais le plus clair de mon temps tranquillement assise à étudier mes mains, mes deux meilleures amies qui ne m'avaient jamais menti, comme des miroirs fidèles qui reflétaient mon vrai moi.

Ce reflet avait changé de façon spectaculaire en trois décennies, depuis que j'avais ouvert la porte du Centre de Chirologie et rencontré Ghanshyam. La forme même de mes mains avait changé, passant de conique à spatulée. À l'origine, une jeune femme angoissée et manquant de confiance, de direction et de raison d'être, j'étais devenue une enseignante dévouée et passionnée, souhaitant ardemment aider les autres et partager mes connaissances acquises après des années d'introspection et d'étude. Les nombreuses lignes de souci qui avaient au début sillonné mes paumes étaient en train de s'effacer ou avaient disparu. Un anneau de Salomon s'était formé, à mesure que je comprenais mieux la nature et le comportement humains et que j'éprouvais plus d'empathie et de compassion pour les autres. Ma ligne de destinée s'était renforcée quand la chirologie était devenue une seconde nature pour moi et, ce que j'appréciais le plus, à mesure que j'apprenais à aimer et à être aimée, ma ligne de cœur, autrefois délicate, s'était allongée, renforcée et approfondie.

J'avais fait beaucoup de progrès, mais j'avais encore tant à apprendre, à accomplir et à partager.

« Qu'est-ce que tu fais, Guylaine ? », a demandé Kathy lors d'une de ses nombreuses visites quotidiennes pour voir comment j'allais.

« Je pense à la façon dont chaque main raconte toute une vie », ai-je répondu.

« Puisque tu ne peux pas encore rester debout, tu devrais peut-être commencer à écrire tes réflexions là-dessus. Ce serait le moment idéal d'écrire l'histoire de ta vie. »

« Non, je ne pense pas. Je ne sais pas quoi dire. »

« Rappelle-toi ce que je t'ai dit avant ta première apparition à la télévision : 'Laisse parler les empreintes; chaque ligne a son histoire et tu es là pour raconter cette histoire.' Laisse simplement tes mains raconter l'histoire. Tu te souviens combien tu te sentais perdue et seule avant de découvrir la chirologie et comment elle a changé ta vie ? Tu étais malheureuse et maintenant tu es une chirologue comblée. Ton histoire pourrait inspirer d'autres personnes à réaliser leurs rêves. Commence par le début et écris ce qui est le plus important pour toi. »

Kathy avait toujours été très perspicace et, après son départ, j'ai continué à penser à ce qu'elle avait dit. J'étais encore loin de pouvoir reprendre l'enseignement ou les consultations, donc j'avais beaucoup de temps libre. Si le récit de ma vie pouvait inspirer ne serait-ce qu'une seule personne à conquérir ses crain-tes et incertitudes et à réaliser ses rêves comme je l'avais fait... ou si je pouvais montrer à une seule personne la beauté et le pouvoir de la chirologie, ça valait la peine. Je laisserais donc mes mains raconter l'histoire.

J'ai ouvert mon portable et réfléchi à ce qui était le plus impor-tant dans ma vie. C'était très simple : les deux foyers et les deux familles affectueuses que j'avais connues, et mon amour pour la chirologie qui les réunissait.

J'ai commencé à taper :

Mon premier souvenir est un moment de bonheur parfait.

Remerciements

Je remercie de tout mon cœur ma mère et mon père qui m'ont donné la vie, l'amour inconditionnel et les valeurs que je porte toujours en moi. Mon amour et ma reconnaissance à ma grande et belle famille Vallée, en particulier Réjean, Francine, Gaston, Carole, Mimi et chacun de mes neveux, nièces, petits-neveux et petites-nièces. Je vous chéris et vous aime tous !

Mon éternelle gratitude à mon gourou, Paramahansa Yogananda, qui m'a donné une raison de vivre et les outils nécessaires pour mener une vie pleine de sens. Mon amour et ma reconnaissance à mes deux formidables enseignants : Ghanshyam Singh Birla, qui m'a guidée vers la mission de ma vie sans jamais me laisser dévier de mon but; et Kathy Keogh, ma meilleure amie, qui m'a appris à faire du *Hast Jyotish* un outil pour aider les autres, et dont la passion pour la chirologie m'a inspirée pendant trois décennies. Ghanshyam et Kathy, vous vivez à jamais dans mon cœur !

Merci à tous mes amis du Centre, en particulier Peter Keogh et Johanne Riopel, qui sont toujours là pour moi chaque fois que j'ai besoin de conseils ou d'aide, y compris la production de ce livre. Je vous aime ! Mon amour et ma plus profonde reconnaissance à Denise Parisé et Rémi Riverin, mes partenaires dans cette grande aventure; à Jaysri Côté, pour son esprit positif et son optimisme contagieux qui m'inspirent tous les jours; à Francis Desjardins, qui vient à mon secours dans toutes les situations d'urgence; et à Colette Hemlin, dont les pensées chaleureuses et le soutien constant me réconfortent.

Un merci tout particulier à Hélène Dorion, notre poétesse tant appréciée, pour ses encouragements, son enthousiasme et la magnifique préface qu'elle a rédigée pour ce livre.

Un merci spécial à la belle Frédérique Herel, qui a fait plus que simplement traduire ce livre. Elle a capté et reproduit l'émotion et le ton du merveilleux texte anglais de Steve pour le public français. C'est un vrai plaisir de lire ton travail, Frédérique !

Merci à l'équipe de rédaction, Johanne et Kathy, d'avoir travaillé sans relâche pour concevoir ce livre et à Johanne pour la révision du texte français.

Merci à notre artiste de talent, Philippe Couturier-Michaud, pour son expertise en informatique et son graphisme inspiré de la couverture du livre.

Merci à Pauline Edward pour son travail de mise en page et de coordination de la publication.

Un grand merci à Maxime Gagnon, un autre joyau de l'équipe Birla, qui a traduit la version originale française en anglais.

Mes chaleureux remerciements à tous les amis, rencontrés au fil des ans, que je garde dans mon cœur et dont l'amour et la bonté ont aidé à créer les souvenirs qui remplissent ces pages. Et aux amis spéciaux que j'ai eu la chance de connaître et d'aimer, je suis éternellement reconnaissante de votre présence dans ma vie, y compris Grace, Jakky, Jeannette, Nicole, Heather, Linda et Rick, Marie-Claire, Elyise, Naz, Sophie, Chandan et Émilie, Sylvie et Jeremy, et Louise et Mario. Merci à la famille de Ghanshyam, Chanchala, Keero et Maryam; Rekha et Serge, et Abhish. Et un grand merci ensoleillé à mon bel ami de Miami, Zide.

Mes sincères remerciements à tous mes étudiants et clients qui m'ont donné tant de joie et m'ont fourni une raison d'être au fil des ans; chaque instant où j'ai pu vous être utile a été un véritable honneur pour moi.

Enfin et surtout, je remercie du fond du cœur mon corédacteur et collaborateur, Steve Erwin. Il m'est difficile de lui exprimer la profondeur de ma gratitude pour avoir fait vivre les gens que je chéris à travers ces pages, et pour avoir transmis la beauté de mes grandes passions – la chirologie, le Kriya Yoga et la méditation – avec autant de simplicité et d'élégance. Grâce à lui, je souhaite vivement que beaucoup puissent découvrir et pratiquer ces disciplines afin d'en tirer les avantages, la joie et le bonheur qu'elles m'ont procurés. Merci d'avoir exprimé ma voix et d'avoir donné de la couleur à mon récit. Toi et ta charmante épouse, Natasha, êtes de vrais miracles dans ma vie.

Remerciements de Steve :

Guylaine, merci de m'avoir confié ton histoire qui est aussi belle que toi, de part en part. Travailler avec toi m'a agrandi le cœur; ton amitié m'est extrêmement précieuse.

Un énorme merci à toute la bande du Centre; à Kathy et Johanne pour avoir supervisé le livre avec autant de patience, de diligence et de soin; à Peter pour ses explications philosophiques pendant nos baignades; à Jaysri, Denise, Rémi, Francis et Maxime pour m'avoir invité dans vos foyers et dans vos vies où je me suis senti tellement aimé... et le sentiment est mutuel. Et ma plus grande gratitude va à Ghanshyam qui m'a fait connaître un univers où les étoiles brillent en permanence. Tu es un mentor de l'amour et je me considère chanceux de te compter parmi mes amis.

Et à ma femme, Natasha, merci de m'encourager à toujours m'améliorer, et merci de ta tolérance, de ton amour et de me supporter depuis 20 ans. « *You are my North Star* » (Tu es mon étoile du Nord).

À propos des auteurs

GUYLAINE VALLÉE, qui a grandi dans la petite ville de Valleyfield, au Québec, est diplômée du programme Art et technologie des médias du Cégep de Jonquière. Elle a amorcé une brillante carrière dans le domaine des médias à Paris et à Montréal, mais a quitté le secteur de la télévision après avoir rencontré le chirologue de renommée mondiale, Ghanshyam Singh Birla. La science ancestrale de la chirologie védique a tellement transformé sa vie, que Guylaine s'est entièrement consacrée à l'étudier et à la pratiquer. Pendant ses trente ans en tant que chirologue professionnelle, elle a aidé des milliers de clients à améliorer leur vie et a inspiré des dizaines de milliers de membres du public par ses conférences en Amérique du Nord et ses nombreuses apparitions à la radio et à la télévision. Guylaine vit à Montréal et à Chénéville, au Québec, où elle exerce la chirologie.

STEVE ERWIN est un écrivain et journaliste primé, né à Toronto, qui travaille dans la presse écrite et audiovisuelle depuis vingt-cinq ans, au Canada et aux États-Unis. À New York, il a été correspondant à l'étranger pour la Société Radio-Canada, notamment lors de la tragédie du 11 septembre, ainsi que rédacteur de nouvelles nationales et d'articles de fond pour le magazine People. Il a écrit sept livres, notamment le succès du New York Times, *Left to Tell: Discovering God Amidst the Rwandan Holocaust*, avec Immaculée Ilibagiza, qui s'est vendu à plus d'un million d'exemplaires et a été traduit en plus de vingt langues. Il partage son temps entre Manhattan, l'Ontario et l'Outaouais avec sa femme, la journaliste et auteure Natasha Stoynoff.

Introduction au hast jyotish : Système ancestral de chirologie védique

Ghanshyam Singh Birla et Guylaine Vallée combinent leurs nombreuses années d'analyse, de recherche et d'expérience dans cette œuvre marquante sur la chirologie védique fondée sur la sagesse ancestrale des Védas de l'Inde. Cet ouvrage aux objectifs multiples s'adresse tout autant à ceux qui souhaitent apprendre à mieux se connaître, qu'à ceux qui songent à une carrière en chirologie védique ou qui aimeraient intégrer des aspects de cette discipline à leur profession. Ce livre permettra d'atteindre un niveau de maîtrise inégalé dans l'interprétation des caractéristiques de la main. À titre d'exemples :

- les progrès évolutifs réalisés de la main non dominante à la main dominante (la main utilisée pour écrire) et leur détermination;
- les trois niveaux de conscience : les monts (le supraconscient), les lignes majeures (le subconscient) et les lignes mineures (le conscient);
- le pouce, comme indicateur de l'individualité;
- les ongles, comme armure du système nerveux.

Le Fleuve de la vie—Un voyage intérieur inoubliable

Dans le journal interactif *Le Fleuve de la vie*, les auteures, Kathleen Keogh et Guylaine Vallée, vous convient à un voyage intérieur de 90 jours. L'approche de ce journal se fonde sur les principes de la chirologie védique selon lesquels lorsque nous mettons en branle des changements positifs dans notre vie, il faut environ 90 jours pour que ceux-ci se reflètent dans les lignes et signes de nos mains. Cet outil de connaissance de soi efficace est conçu  pour vous accompagner et vous encourager tout au long de votre processus de transformation. Chaque page contient une citation inspirante, quelques lignes pour noter vos réflexions et un tableau d'autoévaluation s'appuyant sur le principe ayurvédique des *tridoshas* – l'équilibre des éléments du corps – vous permettant de faire un suivi des fluctuations dans vos niveaux énergétiques et dans vos comportements durant la journée. Utilisé quotidiennement, *Le Fleuve de la vie* peut vous aider à naviguer sur les eaux de votre vie, à changer des caractéristiques et situations du négatif au positif et à transformer les obstacles, l'anxiété et les doutes en opportunités, sagesse et inspiration.

Cours de chirologie en ligne
avec Guylaine Vallée

Introduction à la chirologie védique

Ce cours constitue le premier jalon pour tous ceux qui désirent mieux se connaître ou qui envisagent une carrière en chirologie védique...

Aventure dans la conscience : exploration des zones astrologiques de la main (À venir)

Les monts, zones astrologiques de la main, sont associés à notre nature profonde et secrète qui constitue l'essence de notre être. En un mot, ils révèlent qui nous sommes réellement. Découvrez tous les tests utilisés pour déterminer le niveau de formation des monts...

La Lune : Perception, émotions
et créativité

Toute l'information que nous recevons du monde passe par le filtre de la Lune. Lorsque la Lune est équilibrée, le verre nous apparaît toujours à moitié plein et le monde peut être un endroit merveilleux...

Vénus : Être bien dans sa peau

Vénus indique notre capacité d'aimer et d'être aimé et d'exprimer la joie de vivre. C'est aussi le siège de nos besoins physiques, nos envies et nos désirs...

La galaxie de Mars : Vivre dans le stress ou l'harmonie ?

Mars négatif représente l'énergie physique, tandis que Mars positif se rapporte aux aspects mentaux. On peut comparer la combinaison des deux à un coureur de fond qui a non seulement une bonne réserve d'énergie physique, mais aussi la force mentale nécessaire pour terminer la course...

Jupiter : Découvrir notre raison d'être

On appelle Jupiter « gourou », qui se traduit littéralement par « celui qui chasse les ténèbres ». Jupiter éveille en nous le désir de trouver un sens à notre existence ...

Saturne : Une puissante force de transformation

Saturne est le mont de la transformation. Tout comme le feu transforme le fer en acier, l'énergie de Saturne peut nous aider à transformer les défis, les difficultés de la vie, la douleur et la souffrance en sagesse, en force de caractère et en compassion à l'égard des autres…

Soleil : Indicateur de magnétisme et de succès

Le mont et le doigt du Soleil sont liés au cœur et à des sentiments d'amour universel. Tout comme le soleil dans le ciel émet une lumière et une chaleur inimaginables, la force de notre Soleil peut rayonner d'une force et d'un magnétisme qui nous permettent de réaliser nos rêves...

Mercure : L'art de communiquer

Dans la mythologie gréco-romaine, Mercure, ou Hermès, est le messager des dieux. De même, dans la main, le mont et le doigt de Mercure sont liés à notre habileté à communiquer nos idées clairement et sans effort...

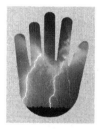

Rahu et Ketu : Karma du passé et potentiel d'avenir

Comme le dit un célèbre vers sanskrit, « aujourd'hui est le résultat d'hier, et demain repose sur notre façon de vivre aujourd'hui ». Ce vers résume bien la relation entre Ketu, qui représente le genre de circonstances que nous avons attirées dans le passé, et Rahu, qui représente nos circonstances actuelles et notre vision de l'avenir...

La ligne de cœur : Baromètre émotionnel

La ligne de cœur est une fenêtre sur l'âme. Elle joue un rôle de premier plan pour vous révéler qui et pourquoi vous choisissez d'aimer et quels types de gens sont susceptibles de vous aimer...

La ligne de tête : Notre sens moral

Le mental peut s'avérer un formidable outil dans votre quête de la vérité, de la connaissance de soi et de l'illumination spirituelle, mais il peut également déformer votre perception de la réalité, limiter votre cheminement et vous pousser à traiter les autres de manière injuste en tirant des conclusions hâtives...

La ligne de vie : Santé et bien-être physiques

La ligne de vie fournit des précieux renseignements sur votre état de santé. Selon sa formation, elle donne une fondation physique stable pour votre mode de pensée (ligne de tête) et vos sentiments (ligne de cœur)...

La ligne de Saturne : Réaliser notre raison d'être

Comprendre la ligne de Saturne qui est associée à votre raison d'être et votre mission karmique...

La ligne du Soleil : Attirer le bonheur
et le succès

Comprendre la façon dont votre ligne du Soleil traduit le magnétisme qui émane de vous et comment ce magnétisme attire le succès et l'amour dans votre vie...

La ligne de Mercure : Communication,
intuition et illumination

Comprendre la façon dont la ligne de Mercure se rapporte à votre aptitude à vous exprimer avec éloquence et facilité en toutes circonstances...

L'anneau de Vénus : Équilibre émotionnel et créativité

Découvrir comment votre attitude facilite ou bloque le processus par lequel vous puisez dans votre joie intérieure et parvenez à l'exprimer avec créativité...

Consultant en formation : Diagnostic, Interprétation et présentation de l'information

Ce cours vous aidera à bâtir votre confiance dans la pratique de la chirologie védique en vous exerçant à appliquer le matériel que vous avez appris pendant le programme de diplôme.

Pour contacter l'auteure

Guylaine est disponible pour des consultations, du coaching, des conférences, des événements médiatiques et des ateliers. Pour en savoir plus sur les services, les événements à venir et les publications de Guylaine, visitez sa page Facebook ou son site www.guylainevallee.com ou téléphonez sans frais au Centre Birla au 514.488.2292 ou au 866.428.3799.

Pour de plus amples renseignements sur les cours de chirologie en ligne, visitez le Collège Birla à birla.ca et inscrivez-vous en toute sécurité. Vous pouvez contacter le Collège Birla par téléphone sans frais au 514.488.2292 ou au 866.428.3799 ou par courriel à info@centrebirla.com.

Le Collège Birla bénéficie de la reconnaissance du gouvernement du Québec et du gouvernement fédéral du Canada à titre d'établissement d'enseignement. Les résidents du Canada sont admissibles à des déductions fiscales pour frais de scolarité.

Notes :-
~~déro~~ Rosicruciennes :-

Hast = mains
Jyotish = lumière) p. 47
·· description de nos
planètes qui se reflètent d
nos mains !

bagues - 9 gemmes
= les planètes p. 54
p. 55 , p. 56
autobiographie d'un yogi
p. 63
p. 77 doigts court!
P. 78 Les monts